法學啟蒙叢書

民法系列——

無因管理

■ 林易典　著

Civil Law

三民書局

國家圖書館出版品預行編目資料

無因管理／林易典著.－－初版一刷.－－臺北市：三民，2014
　　面；　　公分－－(法學啟蒙叢書)

ISBN 978–957–14–5860–1　(平裝)

　1.債法總論

584.3　　　　　　　　　　　　　　　　102021380

© 　無因管理

著 作 人	林易典
責任編輯	王嘉瑜
美術設計	黃宥慈
發 行 人	劉振強
著作財產權人	三民書局股份有限公司
發 行 所	三民書局股份有限公司
	地址　臺北市復興北路386號
	電話　(02)25006600
	郵撥帳號　0009998–5
門 市 部	(復北店)臺北市復興北路386號
	(重南店)臺北市重慶南路一段61號
出版日期	初版一刷　2014年4月
編　　號	S 586170

行政院新聞局登記證局版臺業字第○二○○號

有著作權‧不准侵害

ISBN　978–957–14–5860–1　（平裝）

http://www.sanmin.com.tw　三民網路書店

序

　　本書之出版，首先要感謝三民書局劉振強董事長的邀請，一起參與法學啟蒙叢書民法系列之寫作行列。本系列叢書之出版，使法治的觀念能進一步推廣與深耕，並對於法律知識的專業學習有很大的助益，乃我國法學教育發展之重要里程碑，在此特別向三民書局及劉董事長表示最高之敬意。

　　本書之主要內容為解析無因管理規範之內涵，並檢討學說與實務對於相關問題之爭議與解釋。本書共分十三章。第一章為無因管理於民法體系中之地位，第二章為無因管理之體系與類型，第三章為無因管理規範之排除適用與準用，第四章至第六章為無因管理債之關係的成立要件，第七章為無因管理規範下權利義務的特徵，第八章至第十章為管理人之義務，第十一章為管理人之權利，第十二章為管理事務之承認，第十三章為非真正無因管理。期能使讀者在學說討論及實務工作上，能更精確掌握相關條文之規範意旨及適用，以解決實際法律問題。

　　本書的完成，作者最後並感謝國立成功大學法律學系王琮儀、法律研究所王楷評兩位同學以及高嵐書律師在相關資料搜尋及校對上的協力。

林易典　謹識
2014 年於臺南

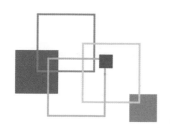

無因管理

目　次

第 **05** 章　無因管理債之關係的成立要件㈡：　57
　　　　　　管理人管理他人事務之行為

第 **06** 章　無因管理債之關係的成立要件㈢：　77
　　　　　　管理人為管理他人事務之意思

第 *10* 章　管理人之義務㈢：　　　　　　　　*133*
管理人賠償責任之加重減輕與侵權行為責任

第 **01** 章
無因管理於民法體系中之地位

一、無因管理為法定之債

我國民法第二編債第一章通則第一節「債之發生」中，於第一款首先揭示「契約」（第一五三條以下）為債之發生原因。契約為「雙方行為」，如買賣契約（第三四五條）。其他未能在「債之發生」中展現出來的債之發生原因，尚包括以「單獨行為」來發生債之關係的情形，如捐助財產設立社團（第六〇條）、懸賞廣告（第一六四條）、遺贈（第一二〇〇條、第一一八七條），及以「共同行為」發生債之關係的情形，如社團之設立（第四七條）。依契約、單獨行為或共同行為所產生出的債之關係，均係基於當事人間之「法律行為」，即當事人有欲產生法律效果之自主意思而產生，而被稱為「法律行為的債之關係」（rechtsgeschäftliche Schuldverhältnisse），或稱「意定之債」。

與此相對者，民法第二編債第一章通則中，尚揭示第三款「無因管理」（第一七二條以下）、第四款「不當得利」（第一七九條以下）、第五款「侵權行為」（第一八四條以下）亦為債之發生原因。❶其共同之點，在於此等債之關係的發生，係於特定法律要件被滿足時依法當然發生的債之關係，並無涉當事人是否有欲發生該法律效果之自主意思，即其並非基於當事人間之法律行為而發生債之關係。

其他於民法債編第一章第一節債之發生中所未揭示出，同樣於特定法律要件被滿足時依法發生的債之關係，如法定財產制關係消滅時所發生的剩餘

---

❶ 第一章第二款「代理權之授與」（第一六七條以下）雖法典體系中置於債之發生原因中，惟其僅係權限之授與，並非債之發生原因。

財產分配義務（第一〇三〇條之一第一項），或進入準備或商議訂立契約階段後所產生之「締約上過失」賠償義務（第二四五條之一）等等，散見於民法各編中。包括前揭無因管理、不當得利及侵權行為在內，此等直接根據法律規定所發生的債之關係，即所謂「法律規定的債之關係」(gesetzliche Schuldverhältnisse) 或「法定之債」，而在概念上與前揭意定之債相對。

依第一七二條規定，於未受委任而無義務時，所進行之為他人管理事務行為，於管理人與該他人（本人）間，即依法律之規定當然發生「無因管理」(Geschäftsführung ohne Auftrag; GoA; negotiorum gestio) 債之關係。此係法定之債，不問當事人間是否有欲發生此等債之關係效果的意思，於法定要件合致時當然發生。❷

🔴 二、規範上具有補充成立之性格

依民法第一七二條規定，管理人為他人（本人）管理事務之行為，須於管理人未受委任且無義務之情形下，方能依法發生無因管理債之關係，管理人與本人彼此間依第一七二條以下之規定互負法定義務。申言之，並非一切為他人管理事務之行為均能成立無因管理債之關係，其僅限於管理人無權干涉他人事務之情形，且有為他人管理事務之意思時，方有無因管理規範之適用。❸

---

❷　在法典編排的位置上，我國民法將「無因管理」（第一七二條以下）與「不當得利」（第一七九條以下）、「侵權行為」（第一八四條以下）並列，而能突顯其在債之發生原因上係法定之債的性格。在德國民法第一次草案時，「無因管理」本置於不當得利規範之後，章名為「基於其他事由發生債之關係」。Schwarz/Wandt, §2 Rdnr. 6. 與此相對，德國民法現行法（德國民法第六七七條以下）在安排無因管理於法典中之編排位置時，則係將其置於委任（德國民法第六六二條以下）之後，主要是無因管理之法律效果與委任有類似性，並不以債之發生原因的觀點來決定編排位置。Seiler in: MünchKommBGB, vor §677 Rdnr. 4. 瑞士債務法亦將無因管理規範（瑞士債務法第四一九條以下）置於委任規範（瑞士債務法第三九四條以下）之後。

　　故而，如管理人係受他人委任，或依其他類型契約或依法律而有管理他人事務之權限與義務時，即不符合第一七二條無因管理的成立要件，該為他人管理事務之行為無法依第一七二條以下之規定發生法定債之關係。蓋於管理人受有委任或其他負有義務之情形下，一方面其管理事務行為即屬有權干涉他人事務，另一方面已有委任契約、其他類型契約或法律所規定之義務來規範當事人間之關係。管理人即便此時有為他人管理之意思，仍不符無因管理本係處理於為他人管理事務意思下之無權干涉他人事務行為時，管理人與本人間關係之規範目的。依契約或法律已賦予管理人管理事務之義務與權限之情形，即便其當事人間關係之規範中並未同時賦予管理人求償或償還請求權，管理人此時仍無法適用無因管理之規範而有所請求。❹

　　因此，對於為管理他人事務之行為，無因管理規範在構成要件上被設計成僅具有補充成立與適用之性格，使無因管理法律關係之成立為有處理他人事務權限與義務之契約或規範所阻卻。申言之，當事人間如依契約或依法有處理事務之義務，即排除無因管理規範之適用可能，而不成立無因管理法律關係；須當事人間並無關於處理事務之契約或規範時，方能在管理人有管理意思時，適用無因管理規範來處理當事人間之關係。即成立無因管理法律關係時，當事人間不可能存在關於處理事務之契約或法律規範。職是之故，無因管理之規範，與處理他人事務義務或權限之契約或規範，不會產生規範上

---

❸　第一七二條「未受委任，並無義務」意指無管理他人事務之權限。在德國民法第六七七條前段無因管理之成立要件中，其措辭即使用「未受他人委任或對於該他人並無其他權限」而為他人管理事務者。

❹　當事人間約定管理人有管理義務之情形，在個案中如符合委任之規範，其求償或償還請求權即應適用委任規範下第五四六條第一項、第三項之規定，而不適用無因管理之規範；僱傭之情形則適用第四八七條之一的求償規定。依法律規定有權管理他人事務之情形，如父母基於民法第一八○四條第二項親權之規定而為子女管理事務之情形，相關規範中並無求償或償還請求權之規定，此時仍不適用無因管理之規範。

競合或請求權競合之現象。

三、以事實行為而發生的債之關係

無因管理係未受委任並無義務之情形下為管理他人事務行為時，依法所發生之債之關係。即客觀上管理人所管理之事務為他人之事務，主觀上管理人有「為他人管理事務之意思」(Fremdgeschäftsführungswille) 時，依法於管理人與本人間當然發生之債之關係。

無因管理的債之發生，係因管理行為此一「事實行為」所發生的債之關係，無須管理人為法律行為（如要約或承諾）之意思表示，亦無涉管理人為準法律行為（如意思通知或觀念通知）下的表示行為，在有為他人管理事務意思下所進行的管理行為已足，管理人無須表達出該管理意思仍能發生無因管理債之關係。❺諸如看見他人家中濃煙竄出而破窗一探究竟並加以滅火之行為，雖然介入他人事務本身係屬事實行為，仍能與他人發生無因管理債之關係，此與意定之債須以有效之意思表示為基礎而發生債之關係有別。❻且

---

❺　德國學說上雖然不將無因管理之性質歸類於「法律行為」(Rechtsgeschäft)，然過去學說通說將無因管理歸類於管理人之「準法律行為」(geschäftsähnliche Handlung)，而須類推適用德國民法第一○四條以下有關法律行為之規定。惟此一學說見解被認為有疑義，蓋無因管理債之關係的發生，只要求管理人主觀上有管理意思存在及實際上進行管理行為，其並未要求管理人進行法律行為或準法律行為，且涉及法律行為學說之相關問題，如管理人欠缺行為能力時之處理、本人承認管理之效果、誤想管理等（第六八二條、第六八四條第二句、第六八七條第二項），德國民法已有規定，學說上因而認為無須類推適用有關法律行為之規定，或認為本屬於「事實行為」。Seiler in: MünchKommBGB, vor §677 Rdnr. 5; Bergmann in: Staudinger Kommentar, Neubearbeitung, Berlin: Sellier, 2006, vor §677 Rdnr. 44; Mansel in: Jauernig (Hrsg.), BGB, 13. Aufl., München: Beck, 2009, §682 Rdnr. 2; Schwarz/ Wandt, §4 Rdnr. 1. 惟日本學說多數仍認為日本法下之無因管理（日文「事務管理」）為準法律行為。加藤雅信，《事務管理、不當得利、不法行為》，二版，2005 年，東京：有斐閣，頁 5；近江幸治，《事務管理、不當得利、不法行為》，二版，2005 年，東京：成文堂，頁 5。

無因管理係因事實行為於法定要件充足時所發生的法定債之關係，與管理人是否有表示行為或法效意思無涉；故於符合無因管理之法定要件時，無行為能力人與限制行為能力人之管理行為仍能與本人發生法定債之關係。

　　無因管理的管理行為本身為事實行為。惟管理的方法，即管理事務之實施上，可能為事實行為或法律行為，前者之情形，如甲攤販暫時離開攤位之際，正好有顧客上門，隔壁乙攤販主動前去招呼之行為；後者之情形，如乙進一步將甲之商品加以出售之行為。

㈣、與委任規範間之關係

　　在無因管理成立要件中「未受委任、並無義務」之要求下（第一七二條前段），管理他人事務行為發生無因管理法律關係之前提，為不構成委任關係。而發生委任契約關係、受有委任下之為他人管理事務行為，則排除無因管理法律關係之成立。故而，無因管理法律關係與委任法律關係二者間本為互斥的概念。

　　惟性質上不屬於法律行為之無因管理與性質上屬於法律行為之委任契約，除債之發生原因不同外，兩者均涉及管理或處理他人事務，因此無因管理在規範內容上仍與委任規範有著密切關係。於管理他人事務構成無因管理情形時，管理人與本人間關係之處理，最核心者為管理人對於本人之費用償還請求權、債務清償請求權及損害賠償請求權規範（第一七六條第一項、第一七七條第一項），對照委任規範下受任人對於委任人之償還、求償規範（第

---

❻　我國學說上強調無因管理為事實行為者，梅著，頁 126 以下；王著，頁 382；王澤鑑，〈無因管理制度基本體系之再構成〉，《民法學說與判例研究㈡》，九版，1990 年，頁 75、97；馬著，頁 92。此外，無因管理為事實行為所生的債之關係，惟仍須以具有為本人管理之意思為必要，故我國學說上亦有將其稱為「混和的事實行為」。鄭著，頁 98；林著，頁 233；孫著，頁 112；史著，頁 56。本書所參考文獻之縮寫，請參考本書參考文獻，頁 212 以下。

五四六條第一項至第三項），在規範結構上即有著相當的同質性。❼

　　構成無因管理法律關係之前提須為未受委任，本無委任規範之適用，然無因管理規範中仍有準用委任規範之規定（第一七三條第二項準用第五四〇條至第五四二條），管理人因此有如受任人，須對於本人負有報告事務進行狀況之義務、交付所收取之金錢物品及移轉所取得之權利之義務、及於使用應交付於本人或應為本人利益而使用之金錢時負有支付利息之義務。此外，於成立無因管理法律關係時，管理人與本人即便本應適用無因管理規範而無委任規範之適用，仍能透過本人承認管理事務後，依第一七八條之規定，溯及管理事務開始時改適用關於委任規範。

五、與侵權行為規範間之關係

　　無因管理之管理他人事務行為，本質上為未受委任且無義務下之干涉他人事務行為。而此等無權干涉他人事務的行為，如有故意或過失侵害他人權利而造成損害之情事時，本應構成第一八四條第一項前段之侵權行為。如颱風來臨之際，甲主動闖入正在度假中之鄉人乙的農場內，幫乙的圍牆欄杆不牢固之部分釘上鐵釘補強，部分並汰舊換新，避免農場內動物跑出來此一可能的損害。乙的農場被侵入，不牢固的欄杆部分在修繕過程中被補強、移除及拋棄，乙對於農場的所有權、占有及圍牆欄杆的所有權，均因甲此一管理行為之受有侵害。

　　惟民法既已就無因管理之管理行為特別加以規範，而民法所要求且允許之干涉行為，即「管理事務之承擔」須是「利於本人」且「不違反本人明示

---

❼　惟在要件上仍有出入，無因管理規範下之請求對於請求權人較為有利。就費用償還之請求範圍，第一七六條第一項尚包括有益費用，第五四六條第一項則未包括；債務清償請求權之請求範圍，第一七六條第一項並無限制，第五四六條第二項則限於必要債務方得請求；損害賠償請求權之請求範圍，第一七六條第一項並無限制，第五四六條第三項則限於因非可歸責於自己之事由致受損害者方得請求。

或可得推知的意思」（適法無因管理，第一七六條第一項）。故而，如管理人之管理行為能符合此等法定要求，解釋上即應認為該干涉行為即管理事務之違法性將能被加以阻卻，而不構成第一八四條第一項前段之侵權行為。❽ 蓋倘若一方面肯定適法無因管理下管理人可當然享有法定權利，即第一七六條第一項之償還及賠償請求權，另一方面卻又不認為適法無因管理行為本身即可阻卻其於侵權行為規範下違法性，使管理人仍須負侵權行為之損害賠償責任，將造成規範間價值之矛盾，而無法貫徹對於無因管理鼓勵人性互助行為之規範目的。

反之，如管理人之管理行為不符合第一七六條第一項之法定要求，即管理事務之承擔違反本人明知或可得而知的意思，或不利於本人者（不適法無因管理，第一七七條第一項），該干涉行為即管理事務的違法性不能被加以阻卻，而仍構成侵權行為。❾ 此觀諸第一七七條第一項管理人之償還或賠償請求權並非當然發生，須待本人願享有因管理所生利益始發生，且求償範圍亦僅限於本人所得之利益，即與第一七六條第一項有別，而展現出此等管理行為非屬適法行為之性格，從而不阻卻管理行為於侵權行為規範下之違法性。不適法無因管理下之管理人於主張享有因管理所得利益且對與本人負償還或賠償責任之同時，本人仍得對於管理人主張管理事務之承擔構成侵權行為，請求管理人損害賠償。

六、與不當得利規範間之關係

如管理人之管理行為能符合法定要求，即管理事務不違反本人明知或可

---

❽ 我國學說上強調，僅適法無因管理能阻卻違法，不適法無因管理不能阻卻違法，及強調管理行為於滿足適法無因管理要件時，其適法性能阻卻管理行為之違法性，而不構成侵權行為，王著，頁 373 以下、387、397；王澤鑑，〈無因管理制度基本體系之再構成〉，《民法學說與判例研究》，第二冊，九版，1990 年，頁 75、93；黃茂榮著，頁 415。

❾ Seiler in: MünchKommBGB, vor §677 Rdnr. 13, 17.

得而知的意思且有利於本人之法定要求時（適法無因管理，第一七六條第一項），本人雖自管理人處受有利益，無因管理規範解釋上即為本人保有利益之法律上原因，無待本人表示是否願享有該利益，本人無庸將所受利益返還與管理人，惟本人亦須對管理人負擔第一七六條第一項之費用償還、清償債務及損害賠償義務。故而，本人於負擔法定義務之同時亦能享有及保有利益，實符合事理之平。

　　適法無因管理因本已符合本人之意思與利益，故在規範上強調對於管理人之保護，本人須對於管理人負擔償還與賠償之義務，且不問本人是否願享有管理所生之利益，本人當然保有因管理所生之利益。申言之，在適法無因管理之下，無因管理規範如不能作為法律上之原因，將使本人不能保有該管理所生之利益而須返還給管理人，本人卻又須依第一七六條第一項之規定對於管理人負擔償還費用、清償債務及損害賠償義務，此諸如管理人為本人購買屋瓦修補屋頂，本人於償還屋瓦購置費用外，尚須返還屋瓦給管理人之情形，即令管理人可享有由本人承擔費用之利益，反而會造成管理人不當得利。故而，於適法無因管理下，因實施管理行為所伴隨之財產變動係具有法律上原因，第一七二條以下之無因管理規範即為本人保有利益之法律上原因，而排斥不當得利規範之適用。

　　反之，如管理人之管理行為不符合此等法定要求，即管理事務違反本人明知或可得而知的意思，或不利於本人者（不適法無因管理，第一七七條第一項），此時無因管理規範並無法當然成為本人保有利益之法律上原因，而仍有不當得利規範之適用，本人應返還所受領之利益。❿惟於本人另依第一七

---

❿　於德國法下，德國民法第六八四條第一句即規定，不構成第六八三條（適法無因管理）之要件時，本人應依不當得利之規定，對管理人返還所有因管理行為所得利益。第二句規定，本人承認管理行為時，本人享有第六八三條所規定之請求權。申言之，構成不適法無因管理時，無因管理之規定將無法成為本人保有利益之法律上原因，除非經本人承認，而使本人與管理人間之關係改依適法無因管理之規定來處理。Schwarz/Wandt, §7 Rdnr. 6.

七條第一項之規定，願享有因管理所得之利益時，此時無因管理規範方能成為本人保有利益之法律上原因，而排斥不當得利規範之適用，無庸返還所受之利益。不適法無因管理因其本不符合本人之意思或利益，故在規範上強調對於本人意思之尊重，使本人無須當然承受管理人違反其意思或利益下管理行為所生利益，並使本人仍有選擇享有並保有該利益之權利，且同時限制其對於管理人之償還或賠償範圍。

七、管理人與本人間補償及負擔的特殊規範

無因管理制度之基本思想，學說上固然有強調在鼓勵對於他人無私的付出 (altruistischer Einsatz für den Mitmenschen)，即「人性互助理論」(Theorie der Menschenhilfe)，惟此理論僅能說明無因管理所欲處理案例類型之其中一部分情形，蓋於現行規範下，亦不乏無涉人性互助之情形，例如為自己利益而進行管理行為亦一併加以規範（不法管理，第一七七條第二項）。此外，學說上對於無因管理之討論，亦同時涵蓋誤他人事務為自己事務而進行管理的類型（誤信管理）。反之，亦有強調無因管理是對他人事務進行管理的規範，即客觀理論 (objektive Theorie)，惟如僅是純粹客觀上之管理他人事務，尚無法強調出無因管理之主要規範類型中，有要求管理人須有為他人管理事務之意識 (Fremdgeschäftsführungsbewußtsein) 之要求（第一七二條）。再者，「準契約理論」(Quasikontraktstheorie) 亦被認為不足取，蓋現行規範下，並不以當事人間有意思表示合致為無因管理債之發生的成立要件，僅於適法無因管理之情形，有要求管理人之事務管理不違反本人明知或可得而知的意思（第一七六條第一項）。❶前揭學說均無法完整描述出無因管理制度之基本思想。

惟如自無因管理現行規範所欲發生之法律效果及學說討論重點視之，無因管理制度主要所欲處理者，不外乎為於各種干涉他人事務情形下，管理人

---

❶　Seiler in: MünchKommBGB, vor §677 Rdnr. 1 f.; Schwarz/Wandt, §2 Rdnr. 4.

是否能向本人請求償還因管理所生之費用、請求清償因管理所負擔之債務及請求賠償所受之損害。於適法無因管理下，第一七六條肯認管理人有此等請求權；而於不適法無因管理、不法管理情形下，民法第一七七條第一項及第二項分別有限度地肯認，管理人僅得於本人願享有因管理所生利益時，於本人因管理所得利益範圍內，請求本人負擔此等義務。故而，在能涵蓋各種案例情形下，無因管理之基本思想，係就管理人干涉他人（本人）之事務時，就所生費用、債務及損害的補償及負擔，及本人是否得拒絕享有利益，於管理人與本人間所進行的特殊規範，即事務管理之特殊平衡規範 (spezielle Ausgleichsordnung der Geschäftsbesorgung)。❶❷

申言之，本人之事務應由其自行處理，本不欲由他人來加以干涉，而應受保護。然而，有時不請自來的協助或干涉係屬必要且受到本人之歡迎，特別是在緊急情形下其能防止損害之發生，法律亦應重視管理人此等善意行為，使其就所支出之費用或所受損害對於本人有求償權。❶❸為調合此等利益衝突，無因管理規範即就管理他人事務時之危險及負擔進行適當的分配。在此基本思想下，相關規範區別真正無因管理及非真正無因管理、適法無因管理與不適法無因管理，而異其管理人之請求範圍或本人負擔義務之數額，並就緊急管理之情形原則上排除管理人之賠償責任（第一七五條），即展現出其保護本人不應受到不請自來之事務干涉，及強調管理人如欲干涉時，須依照本人明示或默示意思及以利於本人方式進行管理之受託地位性格的立法目的。

⑧、管理人與本人間內部關係之規範

無因管理之規範，其僅在處理管理人與本人間之內部關係

---

❷　Seiler in: MünchKommBGB, vor §677 Rdnr. 3; Schwarz/Wandt, §2 Rdnr. 4.

❸　Schwarz/Wandt, §2 Rdnr. 5; Larenz, Lehrbuch des Schuldrecht, Bd. II/1, 13. Aufl., München: Beck, 1986, S. 436 f. 我國學說之相關討論，王著，頁 369 以下；黃茂榮著，頁 393 註 60。

(Innenverhältnis)，即管理人為本人管理事務時，管理人得否向本人就支出的費用等請求償還，及管理人須依本人之意思及利於本人方式來管理事務之適當管理義務的法定債之關係。無因管理之規範，並不處理管理人進行管理行為時，本人與第三人間或管理人與第三人間之關係。另一方面，管理人並不因其管理行為係符合本人意思與利益之適法無因管理，而取得對於本人事務之代理權或取得對於本人財產之處分權，其進行之管理行為仍構成無權代理或無權處分，而其效力未定。❹

申言之，管理人未受委任且無義務為本人管理事務時，如管理人逕以本人名義，與第三人進行負擔行為或處分行為等法律行為，其是否能對於本人生效而於本人與第三人間產生債之關係，或管理人以自己名義，與第三人所進行處分行為是否生效，其仍須分別依照無權代理之規範（第一七〇條）及無權處分（第一一八條）之規範，來加以決定。❺前揭法律行為之效力，仍須視本人是否嗣後加以承認而定，並無法逕由無因管理規範，導出管理人代理本人與第三人進行法律行為之權限及效力，以及管理人之處分權限及其效力。即便本人之管理行為係符合適法無因管理（第一七六條第一項）、緊急管理（第一七五條）、或得違反本人意思特定情形（第一七四條），尚無法認為前揭規範係授與管理人代理或處分權限之規範。

在我國現行法中，有就無因管理之管理人與第三人間之關係進行規範，為侵權行為之規範，而非於無因管理中進行規範。第一九二條第一項規定：「不法侵害他人致死者，對於支出醫療及增加生活上需要之費用或殯葬費之人，亦應負損害賠償責任。」即賦予管理人對於加害人求償之權。蓋為被害人

---

❹ 我國學說上亦認為，無因管理以本人名義為法律行為時，多會發生無權代理，而生效力未定問題。林著，頁 238。亦有強調，即便適法無因管理有阻卻違法之效果，仍未使管理人取得處分權，無法因此使管理人可對本人財產作有效處分。黃立著，頁 185；黃茂榮著，頁 413 註 93。

❺ Seiler in: MünchKommBGB, vor §677 Rdnr. 6.

或其繼承人（本人）支出醫療費、增加之生活上需要費用或殯葬費此等費用之管理人，本得基於無因管理法律關係對於被害人之繼承人請求償還相關費用，被害人之繼承人則另外再向加害人之繼承人請求，使其負終局賠償責任。惟為「鼓勵熱心助人之風尚，及免除輾轉求償之繁瑣」❻，而另使支出此等費用之人，得直接向加害人請求損害賠償。

九、無因管理規範簡析

綜上所述，我國無因管理之規範，可被簡單剖析如下：

㈠無因管理債之關係發生之成立要件（第一七二條前段）。

㈡管理人義務（本人之權利）：管理人進行管理時之法定要求（適當管理義務，第一七二條後段）、通知義務（第一七三條第一項）、計算義務（第一七三條第二項準用第五四○條至第四二條）。

㈢管理人義務之補充規範：違反本人意思時之注意義務提高（第一七四條第一項）、緊急管理時之賠償責任減輕（第一七五條）。

㈣管理人之權利（本人之義務）：適法無因管理下的求償權（第一七六條第一項）、不適法無因管理下如本人願享利益時有限的求償權（第一七七條第一項）。

㈤非真正無因管理準用無因管理：不法管理準用不適法無因管理之規範（第一七七條第二項）。

㈥本人承認管理時，排除無因管理規範之適用，並變更為適用民法委任之規範（第一七八條）。

---

❻　法務部彙編，頁 107。

第 *02* 章
無因管理之體系與類型

一、無因管理之體系

　　有關管理人未受委任並無義務之管理事務行為，學說上將因其是否構成第一七二條以下之無因管理法律關係，分為「真正無因管理」(die echte GoA) 與「非真正無因管理」(die unechte GoA) 此兩種類型。

　　如管理事務行為符合第一七二條前半段「未受委任且並無義務，而為他人管理事務」之無因管理法定要件者，即當然成立無因管理法定債之關係，此即真正無因管理，適用第一七二條以下之規定。除不法管理於第一七七條第二項另有特別之準用規定外，第一七二條以下之規範僅適用於真正無因管理之情形。於真正無因管理下，依管理人管理事務之情形是否能兼備第一七六條第一項中「利於本人」及「不違反本人明示或可得推知之意思」的法定要求，再經區分為「適法無因管理」(berechtigte GoA) 與「不適法無因管理」(unbercchtigte GoA) 此兩種下位類型。❶對於此兩種類型下管理人與本人間

---

❶　德文用語 berechtigte GoA、unberechtigte GoA 文義上本指「有權限的無因管理」、「無權限的無因管理」，此乃德國學界相約成俗的用法。惟此一德文措辭，德國學界有認為，在語意上容易與德國民法第六七七條之真正無因管理的要件「未受他人委任且對其並無權限」中之「權限」(berechtigt zu sein) 用語混淆而造成誤會，蓋依第六七七條之真正無因管理要件，具有「權限」之管理行為，將根本地不構成無因管理，而無第六七七條以下無因管理規範之適用，此與「有權限的無因管理」屬於真正無因管理，而有第六七七條以下無因管理規範適用之情形相反。Schwarz/Wandt, §2 Rdnr. 11. 對於「真正無因管理」的下位類型，我國民法教科書上有以「適法無因管理」、「不適法的無因管理」相稱，或有以「已盡適當管理義務」、「未盡適當管理義務」來加以描述，或有將其稱為「正當的無因管理」、「不當的無因管理」(王著，頁 374)。本書仍採取「適法無因管理」、「不適法的無因管理」之傳

之關係，第一七六條以下有著不同之規範。

　　如管理事務不符合第一七二條前段「未受委任，並無義務，而為他人管理事務」之無因管理法定要件時，體系上本不構成無因管理。對於不構成無因管理之管理事務行為，除第一七七條第二項對於不法管理另有特別之準用規範外，並不適用第一七二條以下之規範，而應依侵權行為與不當得利之規定來處理管理人與本人間之關係。

　　對於不構成無因管理之事務管理，其中不法管理與誤信管理此兩種態樣，雖為未受委任並無義務下的管理事務行為，惟因管理人主觀上均欠缺管理意思而不構成無因管理，然因其均具有無義務下管理他人事務行為的外觀，學說上以「非真正無因管理」（或「準無因管理」）稱之。❷此外，對於因客觀上欠缺他人事務要件而不構成無因管理之「幻想管理」，其同屬未受委任並無義務之管理事務行為，我國學說上亦有將此一併置於非真正無因管理概念下來討論。

　　故而，對於管理人管理事務之行為，體系上應先區別為構成無因管理之事務管理，即真正無因管理，及不構成無因管理之事務管理此兩種態樣。就構成無因管理之事務管理，即真正無因管理下，其分為適法無因管理與不適法無因管理兩種類型。不構成無因管理之事務管理，則區別為非真正無因管理與其他不構成無因管理之事務管理此兩種態樣。在非真正無因管理下，計有「不法管理」、「誤信管理」及「幻想管理」三種類型。其他管理人不構成無因管理之事務管理，主要為管理人受有委任或負有義務而進行管理之情形。

　　統用語，以突顯前者得阻卻管理行為之侵權行為違法性、後者無法阻卻違法性之性格。

❷　學說上亦有認為「準無因管理」概念僅應涵蓋不法管理此一態樣，即非屬無因管理但準用無因管理之情形（第一七七條第二項）。本書以非真正無因管理概念來同時涵蓋不法管理、誤信管理與幻想管理此三種不構成無因管理之無義務下管理事務的行為。

二、構成無因管理之事務管理（真正無因管理）

　　第一七二條規定，未受委任且並無義務，而為他人管理事務者，即構成無因管理。申言之，僅第一七二條前段為無因管理之成立要件，第一七二條後段之「其管理應依本人明示及可得推知之意思，以有利於本人之方式為之」並非無因管理之成立要件，而係於成立無因管理後、管理人進行管理行為時，於「管理事務之實施」上的法定義務。

　　發生無因管理法定債之關係的法定構成要件，依第一七二條前段之規定，除無意定或法定義務下之事務管理行為外，尚須客觀上管理人所管理者為他人之事務，及主觀上管理人有為他人管理之意思者。其中居於核心者，為第一七二條前段「為他人管理事務」要件所蘊含管理人「為他人」管理此一管理意思要求。第一七六條第一項中「為本人支出」之用語，亦展現出管理人須具備管理意思之意旨。能符合第一七二條前段無因管理法定要件之事務管理，學說上又將其稱為「真正無因管理」。此外，不問管理人之管理行為是否利於本人，亦不問管理行為是否違反本人明示或可得推知的意思，凡於無義務之為他人管理事務行為，均能構成真正無因管理。

　　於真正無因管理下，依管理人於管理義務之承擔上，是否能符合第一七六條第一項「利於本人」及「不違反本人明示或可得推知之意思」之法定要求，再區分成兩種類型：「適法無因管理」與「不適法無因管理」，並就管理人與本人間之關係，分別於第一七六條第一項、第一七七條第一項就此兩種態樣設定不同之法律效果。

㈠適法無因管理

　　對於管理事務之承擔符合第一七六條第一項「利於本人」且「不違反本人明示或可得推知之意思」之法定要求者，學說上將此稱為適法無因管理。

1.不以本人所得利益為限之管理人求償權

　　於適法無因管理，第一七六條第一項賦予管理人有向本人請求償還費用、

清償所負擔之債務及賠償損害之請求權。相對於不適法無因管理，於適法無因管理下，不問本人實際上是否欲享有該因管理所生之利益，亦不以本人所享有利益為限，本人對於管理人當然負有償還費用、清償債務及賠償損害之義務。❸即不論管理人請求本人償還或賠償之數額是否超過本人因該管理所得之利益，管理人均得依第一七六條第一項規定向本人請求償還或賠償。

2.排斥侵權行為規範之適用

無因管理規範係就管理人與本人間關係之特別規範，就管理行為本身及因此所受有之利益，其排斥侵權行為與不當得利規範之適用。❹首先，就排斥侵權行為規範適用而言，管理人干涉客觀上屬於他人之事務，造成本人之損害時，於符合第一八四條侵權行為規範之相關要件時，本人本對於管理人享有侵權行為之損害賠償請求權。然在適法無因管理下，由於管理人對於本人之管理行為係「利於本人」且「不違反本人明示或可得推知的意思」，管理事務之承擔符合第一七六條第一項之法定要求，因此具有「阻卻違法事由」(Rechtfertigungsgrund)，侵權行為規範中所蘊含之「違法性」要件即因而被加以阻卻❺，管理人對於本人因此不負侵權行為之損害賠償責任。

故而，如看到隔壁鄰人廚房有濃煙竄出而破窗入內察看之行為，或如颱風前夕主動幫外出鄰人補強農場不牢固之柵欄而將鐵釘釘入之行為，在第一八四條第一項前段侵害他人權利類型之侵權行為下，管理人之管理事務行為

---

❸　鄭著，頁 112；邱著，頁 98；孫著，頁 128。

❹　同此意旨，黃茂榮著，頁 364、413、415。

❺　於侵權行為規範下，以違背善良風俗之方法加損害於本人之類型（第一八四條第一項後段），及違反保護他人法律之類型（第一八四條第二項），雖條文文字中並未展現出如同第一八四條第一項前段侵害他人權利之類型有以「不法」為要件，學說上仍認為其仍均有要求不法，即須具備違法性之內涵，且此因為以違背善良風俗之方法或違反保護他人法律而致生損害時即能該當，惟得因具備阻卻違法事由而得阻卻之。王澤鑑，《侵權行為法》，初版，2009 年，頁 277、347、365。

雖損害他人之物的所有權，其仍不構成條文中之「不法」要件❻，而對於所有權人不負賠償責任。❼

3.排斥不當得利規範之適用

此外，就適法無因管理排斥不當得利規範之適用而言，本人在個案中可能因管理人之管理行為受有利益，然本人與管理人間未有委任契約且管理人並無義務，本人自管理人處所受有因管理所生之利益本屬無法律上原因，管理人對於本人本享有不當得利的返還請求權。然在適法無因管理下，依第一七六條第一項規定，本人須當然對於管理人負償還費用、清償債務及損害賠償義務，本人實際上已支付代價取得因管理所生之利益，管理人將受有補償而未受有損害。

申言之，本人與管理人間之利益狀態此時已經法律調整與平衡，即無須

---

❻ 看到隔壁鄰人廚房有濃煙竄出而破窗入內察看之情形，因管理行為亦係為免除本人財產上急迫危險之管理，於管理人無惡意或重大過失情形下，管理人可根據第一七五條緊急管理之規定而不負無因管理之賠償責任，並因請求權交互影響而修正侵權行為之賠償責任要件，管理人亦不負侵權行為之賠償責任。倘管理行為並不構成緊急管理之情事時，如為鄰人修補欄杆之情形，適法無因管理阻卻侵權行為違法性之性格對於管理人即具有實益。

❼ 參見「第一章、五」之說明。於第一八四條所規範侵權行為三種類型中第一項前段以外之其他兩種類型，適法無因管理因其管理行為係既「利於本人」又「不違反本人明示或可得推知的意思」，較不易同時產生第一八四條第一項後段之故意以違背善良風俗之方法加損害於本人的情形。惟於適法無因管理下，概念上仍可以想像管理行為係第一八四條第二項之違反保護他人法律之情形，如於道路駕駛時，後方車輛（管理人）發現前方車輛駕駛人疑似心臟病發作而車子失控，遂違反道路交通法規中保持行車距離之要求，將前方車輛撞向路旁空曠草地上，致前方車輛受損。由於此等管理行為係「利於本人」且「不違反本人明示或可得推知的意思」，符合無因管理之法定要求，屬適法無因管理，故管理人違反保護他人法律之侵權行為的違法性得被加以阻卻，管理人毋庸依第一八四條第二項規定對於本人負損害賠償責任；另一方面此亦屬第一七五條之緊急管理，管理人無惡意或重大過失時，即便管理過程中有不符合本人之意思或利益之情形，仍毋庸負無因管理法定義務之債務不履行賠償責任。

再透過不當得利制度來調整之。解釋上無因管理之規範此時已成為本人受有利益的法律上原因，本人得依法保有因管理所受有之利益，不當得利之「無法律上原因」要件因此被加以阻卻，本人對於管理人不構成不當得利，從而排斥不當得利規範之適用。❽故而，本人雖因管理人之適法無因管理行為而受有利益，本人仍無庸依不當得利之規定負返還義務。

㈡不適法無因管理

與此相對，於真正無因管理之情形下，如該為他人管理事務不符合第一七六條第一項之要求，即管理事務之承擔不符合「利於本人」或不符合「不違反本人明示或可得推知的意思」者，學說上將此稱為「不適法無因管理」。故而，事務管理之承擔是否符合本人之利益與意思，將構成適法無因管理與不適法無因管理在概念上之區別。

1.不阻卻侵權行為之違法性

於不適法無因管理下，因管理人之管理行為並不符合「利於本人」或「不違反本人明示或可得推知的意思」之法定要求，干涉他人事務之管理行為本具有之侵權行為違法性即不能被加以阻卻。如管理行為符合侵權行為規範中之其他要件時，管理人仍須負損害賠償責任。❾此外，不適法無因管理行為

---

❽　相關學說在德國法下之討論，Seiler in: MünchKommBGB, vor §677 Rdnr. 15. 我國學說上強調適法無因管理之情形，管理人對於本人無不當得利請求權，本人受有利益係有法律上原因，而不生競合關係者，王澤鑑，《不當得利》，增訂版再刷，2009 年，頁 311；王著，頁 388；黃茂榮著，頁 413、415；馬著，頁 95。

❾　學說上強調不適法無因管理無法阻卻管理行為之侵權行為違法性，僅適法無因管理能阻卻違法者，王著，頁 373 以下、387、397；王澤鑑，〈無因管理制度基本體系之再構成〉，《民法學說與判例研究㈡》，九版，1990 年，頁 75、93；黃茂榮著，頁 415；黃立著，頁 187、191。德國學說通說亦認為不適法無因管理無法阻卻管理行為之違法性，僅適法無因管理得阻卻違法。惟有德國學說另闢蹊徑，認為無因管理是否能阻卻違法，不應以其是否符合本人之利益與意思來判斷，而應以法益與義務間進行衡量，並類推緊急避難之規範，使不符合本人意思卻屬正當的管理行為可阻卻違法，且使並非緊急避難情形之管理行為仍

並不阻卻其管理行為之侵權行為違法性性格，不因本人是否嗣後願依第一七七條第一項主張享有因管理所生之利益而有不同，蓋侵權行為規範之要件已於管理人進行不符合本人利益或意思的管理行為而造成損害時合致。❿

　　其中，於事務之管理係「違反本人明示或可得推知之意思」情形時，第一七四條更規定，對於因管理所生之損害，管理人雖無過失，亦應負賠償責任，將管理人對於本人之損害賠償責任提高至「無過失責任」。相對於此，適法無因管理則可根本阻卻對於本人事務的管理行為之違法性，即阻卻侵權行為規範下對於本人之損害賠償責任。故而，一事務管理行為究係屬適法或不適法無因管理，有其規範上區別實益。

2.本人得選擇不享有因管理所得之利益，而負有不當得利返還義務

　　於管理人之事務管理行為不符合第一七七條第一項規定，構成不適法無因管理時，依第一七七條第一項前段規定，本人仍「得」享有因管理所得之利益。申言之，本人亦得不享有因管理所得之利益，此即賦予本人選擇是否欲享有因管理所得利益之權利。故於管理行為構成不適法無因管理時，如本人不欲享有該不利本人或該違反本人意思之管理所生的利益時，本人即不負擔無因管理第一七七條第一項規範下之費用償還義務，管理人無法根據無因管理之規定，向本人有限度地請求償還費用、清償所負擔之債務及賠償所受

不阻卻違法。Seiler in: MünchKommBGB, vor §677 Rdnr. 17.

❿　同此意旨，認為「本人對於此項利益之請求，不當然認為有民法第一七八條所定之承認，或對於第三人為債務之承受或為對於第三人損害賠償請求權之拋棄（因管理人之侵權行為或債務不履行）」，史著，頁 68。學說上同樣認為，於不適法無因管理下，即便本人表示欲享有管理所生之利益，倘本人不願意承認管理行為（第一七八條），管理行為之違法性仍不能除去，而仍構成侵權行為，蓋如本人表示欲享有管理所生之利益即能阻卻侵權行為之違法性，第一七七條不適法無因管理之效力與第一七八條經本人承認之管理行為的效力間將無區別。黃茂榮著，頁 413 以下、415 以下。

損害。⑪蓋管理人之管理行為不符合「利於本人」或「不違反本人明示或可得推知的意思」之法定要求，在規範上即不應強迫本人須當然享有因管理所生之利益，並同時強迫其須負擔償還費用及損害賠償之義務，故而賦予本人選擇不適用第一七七條第一項有關本人與管理人間關係規範之權利。⑫

　　於不適法無因管理本人不欲享有該管理所生的利益時，如前所述，管理人之管理行為並不阻卻侵權行為規範下之違法性，仍應依侵權行為之規範，由管理人對本人負侵權行為之損害賠償義務。且此時如本人已受有因管理所生之利益，亦不具有法律上的原因，⑬本人與管理人間之關係應依不當得利之規範，由本人對管理人負擔返還所受利益之義務。⑭蓋本人選擇不享有因管理所得之利益時，其對於管理人將不負擔償還與賠償義務，本人與管理人間之利益狀態即未經調整與平衡，解釋上無因管理之規範即不能成為本人保有所得利益之法律上原因，而須以不當得利規範來調整。申言之，於不適法無因管理下，無因管理規範是否能成為本人保有所得利益之法律上原因，即管理人對於本人是否享有不當得利請求權，將取決於本人是否願享有因管理

---

⑪　鄭著，頁113；孫著，頁130；邱著，頁100。

⑫　同此意旨，學說上認為於不適法無因管理時，本人得主張不適用無因管理，係為避免違背意思自治而強制本人接受不適法的無因管理，邱著，頁100。

⑬　管理人進行無因管理時，本人的不當得利返還義務在德國法下之討論，Seiler in: MünchKommBGB, vor §677 Rdnr. 15. 德國民法第六八四條第一句規定「應準用不當得利之返還規定，本人應對於管理人償還因事務管理所生之利益」，此即在闡明於不適法無因管理下，本人所受之利益並不具有法律上原因，而負有返還義務。

⑭　我國學說強調於不適法無因管理下，本人不主張享有管理事務利益時，本人所受有之利益仍無法律上原因，本人與管理人間之關係應依不當得利規定來加以處理者，梅著，頁128；王澤鑑，《不當得利》，增訂版再刷，2009年，頁313；王著，頁399；王澤鑑，〈無因管理制度基本體系之再構成〉，《民法學說與判例研究㈡》，九版，1990年，頁75、96；鄭著，頁113；黃茂榮著，頁399、415；邱著，頁100。強調不適法無因管理下，本人所受有之利益係無法律上原因者，馬著，頁95。

所得利益之態度。

3.本人願享有利益時，管理人之求償權以本人所得利益為限，並排斥不當得利規範之適用

管理人於不適法無因管理之情形，如本人願意享有因管理所生之利益時，仍賦予管理人得向本人請求償還費用、清償所負擔之債務及賠償損害請求權，惟此時管理人之請求範圍，即本人因之負擔的義務範圍，依第一七七條第一項後段之規定，係以本人所得之利益為限。❺

不適法無因管理下第一七七條第一項償還請求權之發生原因與規範內容，成為其與適法無因管理之重大區別。蓋於適法無因管理下，管理人對於本人的費用償還請求權發生，依第一七六條第一項規定，並不以本人願享有利益為前提，且管理人之請求範圍，不以本人所得利益為限。與此相對，不適法無因管理下之管理人償還請求權發生，尚須取決於本人願享有利益，且數額上以本人所受利益為限。故而，學說上有認為，管理人之請求權因此受有雙重限制。❻

如前所述，不符「利於本人」或「不違反本人明示或可得推知的意思」之法定要求所進行之管理行為，即便本人願享有管理所生之利益，管理行為

---

❺ 我國於不適法無因管理但本人願享有管理利益時，管理人依第一七七條第一項僅得以本人所得之利益為限，請求償還費用及賠償損害。然於德國民法下，並無如我國賦予不適法無因管理下之本人可選擇是否享有利益，並於本人選擇享有後，限制管理人請求範圍的制度。依德國民法第六八四條第二句規定，本人得選擇是否「承認」(Genehmigung) 不適法無因管理，於不適法無因管理但本人願承認管理之情形，係準用第六八三條適法無因管理之規定，賦予管理人向本人請求償還費用之權，其情形同受任人。申言之，在德國民法下，管理人於不適法無因管理被承認時所享有之費用請求權，並不以本人所得之利益為限，其有如適法無因管理下之管理人或委任契約下之受任人。此一情形有如我國民法第一七八條規定，於本人承認管理事務而適用委任之規定時，管理人即依第五四六條享有費用之請求權，其並不以本人所得之利益為限。

❻ 鄭著，頁113。

仍具有侵權行為違法性。此外，於不適法無因管理下，如本人願享有因管理所生之利益，本人與管理人間之關係即應以第一七七條第一項之規定來處理，使本人須以因管理所得利益為限來對於管理人負償還費用及賠償損害之責任，此時無因管理規範即成為本人所受利益之法律上原因，而不構成不當得利。❶ 申言之，本人須於所得利益範圍內支付代價取得因管理所生之利益，管理人將受有補償而未受有損害，本人與管理人間之利益狀態此時已經法律調整與平衡，而無須以不當得利制度調整之。

三、不構成無因管理之事務管理

㈠非真正無因管理

管理事務不符合無因管理之法定要件時，除第一七七條第二項另有規定外，本不構成無因管理，無第一七二條以下無因管理規範之適用。於不符合第一七二條法定要件之非無因管理情形中，如係明知為他人事務而為自己利益管理事務（不法管理），或如將他人事務誤為自己事務而進行管理（誤信管理）此兩種情形，管理人雖有管理事務行為，客觀上所管理者亦係他人事務，且管理人並無義務，然因管理人主觀上均無「為他人」管理事務之意思，其所具有者，甚至只是「為自己」管理事務之意思，本均欠缺第一七二條「為他人管理事務」要件中管理意思此一法定要求，學說上將其置於「非真正無因管理」之概念下。❷

申言之，就不構成無因管理之事務管理行為，學說上主要將其中同屬欠缺管理意思此一要件的「不法管理」與「誤信管理」此兩種情形，以非真正

---

❶ 黃茂榮著，頁 416。學說上一般均認為本人不願享有因管理所生之利益時，本人應依不當得利之規定就所受之利益負返還義務，其反面推論似即認為，本人願享有因管理所生之利益時，即不負不當得利之返還義務。

❷ 非真正無因管理之「非真正」(unecht) 在用語上其實並不精確，如前所述，其根本不構成無因管理。Schwarz/Wandt, §2 Rdnr. 9.

無因管理稱之。其他僅欠缺「他人事務」此一要件之情形，即誤自己事務為他人事務來為他人管理之「幻想管理」，學說上亦有將其同置於非真正無因管理概念下來討論。簡言之，不法管理、誤信管理與幻想管理，雖因要件上之欠缺而不構成無因管理，惟均係「無義務」（無因）而「管理」事務之行為，而被稱為非真正無因管理。❶除前揭之情形外，其他不符合第一七二條法定要件而不構成無因管理之情形，學說上未見將其置於非真正無因管理之範疇下來進行討論者。

　　如前所述，非真正無因管理既不構成無因管理，則本無無因管理規範之適用，於管理人侵害本人之權利或本人受有利益之情形，本應適用侵權行為及不當得利之規範，使管理人對於本人負擔賠償義務、及使本人對於管理人負擔返還所受利益之義務。❷惟對於非真正無因管理下「不法管理」此一類型，第一七七條第二項另有規定得準用真正無因管理下之「不適法無因管理」規範（第一七七條第一項），來處理管理人與本人間之關係。

㈡其他不構成無因管理之事務管理

　　其他不構成無因管理之事務管理，例如不符合第一七二條前段「未受委任、並無義務」要件之為他人管理事務情形、父母依第一〇八四條規定負有保護教養未成年子女義務而為子女管理事務行為，或依契約而有為他人清潔環境之行為。管理人雖有管理他人事務之行為，然其係負有法律或契約上義務，仍不構成無因管理，體系上亦不被納入非真正無因管理之範疇下討論。

---

❶　學說上有指出，此三種管理因其具有外觀上之管理行為，而被稱為「準無因管理」。林著，頁 235。

❷　學說上強調非真正無因管理之情形，原本即應依侵權行為及不當得利之規範處理管理人與本人間之法律關係者，王著，頁 369。

第 **03** 章
無因管理規範之排除適用與準用

一、不成立無因管理關係時之不適用

有關無因管理規範適用上之可能性，並自是否成立無因管理法律關係來觀察，主要可區分為四種情形：㈠成立無因管理法律關係，適用無因管理規範；㈡不成立無因管理法律關係，不適用無因管理規範；㈢成立無因管理法律關係，本應適用無因管理規範，但基於優先適用其他特別規範或避免規範間之衝突，而解釋上不適用無因管理規範；㈣不成立無因管理法律關係，本不適用無因管理規範，然依法得適用無因管理規範。

其中㈡為在構成要件層次上排除無因管理規範適用；㈢即為本章所闡述「無因管理規範之排除適用」的問題；㈣即為無因管理規範之準用的問題。在分類上，㈠與㈣可認為係廣義的無因管理規範之適用，㈡與㈢則為廣義的無因管理規範之排除適用或不適用。

如本人與管理人間並未以法律行為約定管理義務或授予管理權限，法律上亦未就管理人間之管理義務或權限加以規定，在符合民法第一七二條管理意思、管理行為及他人事務等無因管理之其他成立要件時，本人與管理人成立無因管理之法律關係，即有無因管理規範之適用。

相對於此，倘管理人受有委任或有契約上或法律上義務，或欠缺管理意思、管理行為或他人事務等要件時，在民法第一七二條構成要件層次上，即排除無因管理規範適用。此諸如海難救助之情形，因海商法第一〇二條規定了船長之海難救助義務，管理人負有法律上的義務，故在構成要件上排除了無因管理規範之適用可能。此等因為不成立無因管理法律關係，致「不適用」民法無因管理規範之情形，其本質上並非無因管理，可稱為無因管理規範適

用之「非真正的例外」。

二、優先適用其他特別規範時無因管理規範之排除適用

即便案例事實符合無因管理規範之成立要件，而成立無因管理法律關係時，倘其他特別法規範中同樣就無權限下之管理他人事務行為另有特別規定，基於特別法優於普通法的要求（中央法規標準法第十六條），須優先適用該其他法律規範，即排斥無因管理規範之適用。❶申言之，此時即便發生無因管理法律關係，仍無法依據無因管理規範，來處理管理人與本人間之關係。此一排除無因管理規範適用情形，方為無因管理規範適用之「真正的例外」。❷

在現行法下，尚未見就管理他人事務之情形，全面排除無因管理規範之情形，僅見排除無因管理一部之適用。以拾得遺失物為例，民法第八〇三條以下有平行為特別規範，第八〇三條拾得人之通知義務即構成無因管理第一七三條管理人通知義務的特別規定，而排除無因管理規範之適用。然就費用償還及損害賠償請求權，因民法第八〇三條以下即無規範，而仍有第一七六條以下無因管理規範之適用。

三、規範衝突時解釋上排除適用無因管理規範之情形

此外，即便具體個案中之事實符合無因管理之適用要件，如適用無因管

---

❶ 此處為成立無因管理關係，然依其他法律規定而不適用無因管理之情形。與此相反的情形，為不成立無因管理關係，然依法律規定來適用無因管理之情形，此即前述非真正無因管理中不法管理態樣，依第一七七條第二項之規定，第一七七條準用第一項不適法無因管理之情形。

❷ 在現行法下，於成立無因管理之情形，除民法第一七八條之規定外，尚未見其他法律直接明文排除無因管理規範適用的規定。於成立無因管理，然不適用無因管理規範之情形，多為解釋上認為其他規範屬特別規範之情形，或下述基於規範間適用結果的衝突而透過解釋認為不適用無因管理規範。

理規範後，將造成與其他規範之法定價值衝突，而使其他規範的價值無法被加以貫徹時，在解釋上，此時即不應適用無因管理規範，而應優先貫徹其他規範之價值。❸故而，即便在其他法律中未直接就相同情形另有規定，惟因二者規範適用的結果產生規範間之衝突，而在解釋上應認為須排除無因管理規範適用，此亦屬無因管理規範適用之例外。

申言之，無因管理規範與其他規範間在適用結果發生衝突之情形，亦應認為該其他規範有排除無因管理規範適用之意旨而屬特別規定。蓋倘不將該其他規範解釋為特別規定時，將造成其他規範所欲達成之價值落空。故而，於適用無因管理規範的結果造成規範間價值衝突時，無因管理規範將不被解釋成特別規範，其不具優先適用性而須退讓，成為一補充性規範。故而，適用無因管理規範，是否將產生與其他規範間價值衝突之結果，及是否能從其他規範之目的，來導出其排除民法無因管理規範適用之意旨，即具有討論的實益。

㈠應適用法定賠償責任規範時之情形

應適用法定賠償責任規範，且其同時排除無因管理規範適用之情形，學說上常見的討論為動力交通工具駕駛人於道路交通上之自我犧牲行為(Selbstaufopferung im Straßenverkehr)。此諸如駕駛人面對逆向走在車道上之行人，為避免碰撞而扭轉方向盤，致衝出車道外而損及自己之車輛與人身。

道路交通上之自我犧牲行為是否有無因管理規範之適用，使自我犧牲之駕駛人就其人身或財產上損害得向他人求償，德國學說上不乏爭議。在我國民法侵權行為法定賠償責任規範中，於一九九九年修正時，已就動力車輛駕駛人之侵權責任有特別規範，依第一九一條之二的規定，動力車輛駕駛人在行駛中加損害於他人者，如不能依同條但書之規定證明已盡相當之注意時，即應賠償因此所生之損害，負推定過失之責任。故而，在解釋上可認為，第

---

❸　Schwarz/Wandt, §3 Rdnr. 2.

一九一條之二規範目的在令動力車輛駕駛人原則上應賠償對於他人造成之損害，並承受自身之損害，而就此不得另依無因管理規範向他人求償。且如果駕駛人其一方面得依無因管理規範就自身之損害向他方求償、另一方面依民法第一九一條之二駕駛人對於他人造成之損害，又屬可歸責而須對該他人負賠償責任，二者間將產生矛盾。故而，在道路交通上之自我犧牲行為有第一九一條之二侵權行為賠償責任規範之適用時，即應排除併行適用無因管理規範之可能。❹

　　然亦應強調者，在道路交通上之自我犧牲行為個案中，如果駕駛人能依第一九一條之二但書規定證明已盡相當之注意，於倘若不扭轉駕駛盤而肇事時，則本無須對於他人所造成之損害負責，此時即無規範間矛盾之考量。駕駛人因自我犧牲行為所受有之自身損害，仍應有無因管理規範之適用可能，而不當然自始被排除。❺

　　申言之，即便動力車輛駕駛人不扭轉駕駛盤而對他人造成損害，因其本已盡到相當之注意，其肇事行為本無第一九一條之二動力車輛駕駛人之賠償責任規範之適用，動力車輛駕駛人本無須賠償其對他人所造成的損害，即他人本須自行承受此一無賠償義務人之損害，駕駛人自我人身亦可能不會受傷，或受傷程度不會有如扭轉駕駛盤後之受傷程度。然動力車輛駕駛人選擇扭轉駕駛盤而使他人免於受到損害，駕駛人自我人身因之受到傷害，此等透過自我傷害來避免他人受傷之行為，即得認為屬於他人事務且具有管理意思，而得成立無因管理之法律關係，而依相關規範使駕駛人得向他人求償。❻

---

❹　德國學說與實務上認為，在道路交通上之自我犧牲行為即應排除併行適用無因管理規範之背景為，德國道路交通法 StVG 第七條第一項、第二項與第十七條第三項令駕駛人僅能在不可抗力時方能免除賠償責任，否則即應負賠償責任。Schwarz/Wandt, §3 Rdnr. 3.

❺　在德國道路交通法 StVG 第七條第一項、第二項與第十七條第三項背景下，德國學說強調，於駕駛人可證明具有免責事由時，仍有德國民法無因管理規範之適用可能者，Schwarz/Wandt, §3 Rdnr. 4.

㈡契約協商後未經締結之情形

依照私法自治與契約法之原則，報酬請求權之產生，須當事人間已締結成立契約。如締結契約協商結果終告失敗，協商契約之當事人本應承擔契約未能訂立及承擔報酬因之告吹的風險。此外，面對不請自來之商品、服務或訊息的提供，於私法秩序下亦不承認對之負有給付報酬之義務，蓋報酬之支付義務僅得基於當事人間已成立的契約行之。故而，德國學說上強調，於未經請求所提供訊息或於締結契約協商失敗之情形下，倘若當事人尚得透過無因管理之規範，請求為取得相關訊息所生之費用或為契約協商準備所生之費用時，前揭須有契約方得請求報酬的立法價值將被掏空。❼

申言之，於商議契約訂立之過程中，為契約協商之準備所發生之費用，如果契約最後未能有效締結時，當事人一方面無法請求對待給付，另一方面亦不得透過適用無因管理之規定來請求本屬當事人應自行承擔之締約費用。故而，於契約締結磋商失敗情形時，解釋上即應排除無因管理規範之適用，令當事人自行承擔因協商契約所產生之費用。否則，倘於契約締結磋商失敗情形時，尚得一般性地適用無因管理規範請求締約費用，民法第二四五條之一締約上過失規定中，契約未成立時僅於特定要件下方負賠償責任之法定要件，將因此成為具文。

故而，如契約協商後並未成功締結，致根本無法請求報酬之情形，即便

---

❻ 同樣肯定道路交通上之自我犧牲行為有無因管理規範之適用，並肯定管理人有管理意思者，王著，頁381；林著，頁240。

❼ Schwarz/Wandt, §3 Rdnr. 5. 在德國實務上曾出現的案例為，管理人根據聯邦公報上所公布之法院關於繼承權登記之公示催告，而主動通知法定繼承人此等訊息之一部，惟法定繼承人拒絕支付酬金來換取全部訊息之要約。法定繼承人仍根據自管理人獲悉之部分消息，成功探知遺產並主張其先前所未知的繼承權。對此管理人根據無因管理向繼承人請求報酬，惟聯邦最高法院基於前揭私法自治原則所導出之風險之分配與承擔，於契約未締結成立時，契約協商之費用並無法請求支付，從而對於前揭不請自來之訊息，亦無須支付報酬。BGH, Urteil vom 23. 9. 1999, NJW 2000, S. 72, 73 Erbensucher=JZ 2000, S. 521, 522 f.

在管理人締約過程中符合第一七二條無義務而為他人管理事務之無因管理成立要件，且事務之管理甚至具備了適法無因管理中符合本人利益及本人意思的要求，此時仍應排除無因管理規範之適用，即管理人仍無法請求他人償還所支出之費用、賠償所受之損害或清償所負擔之債務。

(三)契約無效之情形

當事人間雖締結契約，然契約亦可能歸於無效，如違反強行或禁止規定（第七一條）、違反公序良俗（第七二條）、未依法定方式（第七三條）、無行為能力人之表示（第七五條）、限制行為能力人之表示且未經法定代理人承認（第七五條）、契約標的屬自始客觀不能（第二四六條），使契約自始無效之情形，或意思表示因錯誤、被詐欺或被脅迫並經表意人撤銷意思表示（第八八條、第八九條、第九二條），而使契約視為自始無效之情形（第一一四條）。

於契約經締結但歸於無效時，所進行及受領之給付即屬不具或失去法律上之原因，此時亦屬未受委任且無義務之情形，故而德國實務上多肯定契約無效仍有無因管理規範之適用。惟德國多數學說卻強調此時不應適用無因管理規範來處理當事人間之關係，蓋對於無法律上原因給付之返還，民法中不當得利之規定構成特別之規範，而排斥無因管理規範之適用。即便此時因契約無效致當事人雙方係屬未受委任並無義務之情形，但不能僅著眼於此而認為當然可適用無因管理規範，而無視於不當得利規範背後所展現的價值。 ❽

申言之，於契約無效而無法律上原因受有利益時，本應適用不當得利規範來處理當事人間之關係。於不當得利規範下，於第一八一條就應返還之標的物加以規範，並於第一八二條第一項與第二項另外區別受領人於受領時是否知悉無法律上之原因而異其返還範圍，善意受領人於所受利益不存在時，

---

❽ Schwarz/Wandt, §3 Rdnr. 7; Seiler in: MünchKommBGB, §677 Rdnr. 48. 我國學者同樣認為應適用不當得利之規定，但在方法論上並非認為自始排除此一情形之適用者，其強調，契約不成立或無效之情形，係因不具管理意思，而在構成要件上無法適用無因管理之規定，而須適用不當得利之規定。王著，頁380、381；黃立著，頁183。

得免返還或償還價額之義務。於無效契約下當事人間之關係，在不當得利規範下，主要為涉及利益之受領時，就所受利益於不同情狀下之返還義務。

故而，在不當得利規範下，其並未就一方所支出的費用或所受之損害賦予請求權，如出賣人包裝所生費用或包裝時受傷所受之損害。民法中亦僅另於因錯誤而撤銷意思表示時，於第九一條的一定要件下，賦予表意人賠償義務；及於以自始客觀不能之給付為契約標的時，於第二四七條之一定要件下，賦予債務人賠償義務。倘若於契約無效之情形下，肯定尚有無因管理規範之適用，使當事人得一般性地請求所支出費用及損害賠償，前揭不當得利規範及第九一條、第二四七條特殊賠償規範之要件將形同具文。故而，於契約歸於無效之情形，面對前揭規範價值之衝突，即便契約當事人係在無義務之情形下為他方管理事務，且可認為履行無效契約的本身具有管理意思❾，此時仍應自始否定無因管理規範之適用，而專以不當得利規範及其他特別規範來處理當事人間之法律關係。❿

---

❾ 德國學說上認為，出於誤會而履行效果上係無效契約的義務，管理人主觀上雖有部分基於履行自身契約義務之意思而有自身的利益在內，此仍無礙其為他人管理事務之管理意思要件的成立，仍能符合無因管理之成立要件，故無法在成立無因管理之構成要件層次上排除無因管理規範之適用，來避免規範間之價值矛盾。故而，學說上須另外尋求直接在無因管理規範適用範圍上，自始排除無因管理規範適用於契約無效之情形。Seiler in: MünchKommBGB, §677 Rdnr. 9, 48. 相對於此，我國學者則認為，契約不成立或無效之情形，當事人一方自始認為在履行契約上之義務，欠缺為他方管理之意思，而不成立無因管理，應成立不當得利。王著，頁 380、381。我國學者同樣認為本應適用不當得利而非無因管理之規定者，黃茂榮著，頁 372。

❿ 德國實務見解認為契約無效時，當事人間之法律關係可適用無因管理規定來處理，而此受學者間之批評。然於違反禁止規範致契約無效之情形時，就違反禁止規範所為之管理行為來請求必要費用時（德國民法第六八三條第一句準用第六七〇條委任之規定），法院實務則認為不具備必要費用之「必要性」要求，而在構成要件上排除了費用請求權之適用。Schwarz/Wandt, §3 Rdnr. 7.

㈣未經請求而為給付之情形

最後，於未經請求而直接寄送商品或提供服務之情形，此等給付提供人（寄送人）與收受人間並未成立契約關係，收受人本不負有契約上義務。消費者保護法第二十條即規定，未經消費者要約而對消費者郵寄或投遞之商品，消費者不負保管義務，即展現出此一意旨。解釋上，對於被他人提供未經請求之商品或勞務情形下，收受者不僅不負契約上之對待給付義務，也不應因之負有其他法定義務，否則無契約即不負契約上之對待給付義務之價值將無法被貫徹。❶申言之，無契約關係下給付受領人本無給付報酬義務，倘仍須依無因管理規定來負擔費用，價值判斷將因之失衡，而應自始排除無因管理規範之適用。

無因管理之適用，有其內在之界限，不應任意肯定在無契約或法律基礎下單方主動提供商品或勞務之干涉他人事務情形，均能有無因管理之適用，而使任何人得任意、片面對其他人創設出義務。故而，在此等根本未經締結契約之情形，亦應與前述契約協商失敗而未締結之情形作相同處理，即應認為主動提供商品或服務之一方，即便認為有管理他人事務之意思，仍無法基於無因管理之規範，請求受領之他方償還所支出之費用、賠償所受損害或清償所負擔的債務。

惟德國學說上亦有強調，提供未經請求之給付其不應享有請求權而排除無因管理規範適用之原則，於特定之案例類型下應被目的性限縮，而回頭肯定有無因管理適用，此處所涉者特別是對於需救助者之援助行為。德國學說上即強調，德國民法第二四一條之一第一項提供未經請求之物或給付時不成立請求權之規定，依其規範目的，於對於需救助者提供之援助行為之情形，

---

❶　德國民法第二四一條之一第一項規定，企業經營者對於消費者提供未經請求之物或給付時，對於消費者不成立請求權。學說上即強調，此一規範所排除者，不僅是企業經營者對於消費者之契約上請求權，亦包括法定請求權。Schwarz/Wandt, §3 Rdnr. 9.

前揭請求權之排除將不具正當性，而應目的性限縮。❷在我國法下，消費者保護法第二十條雖展現出未經請求之給付應排除其請求權之原則，參考此一見解，解釋上亦應認為，此原則之目的不在排除對於需救助者所提供之援助行為時之請求權。故而，仍應承認對於需救助者所提供之援助行為，即便屬未經請求之給付，仍有無因管理規定之適用，而享有依無因管理規定所生之請求權。

㈣、管理經本人承認時依法排除無因管理規範之適用

在相關法律中，對於符合無因管理規範之適用前提，卻直接明文排除無因管理規範適用之情形，主要為民法第一七八條規定，管理事務經本人承認且當事人並無特別意思之情形，即溯及至管理事務開始時，適用關於委任之規定。❸依照法律規定適用委任之規定，即準用之意。❹

申言之，管理事務經本人承認時，即便當事人間成立無因管理之法律關係，本人與管理人間之關係依法準用委任之規定，無因管理規範將因民法第一七八條之規定受排斥而不適用。此乃法律規定於經本人承認管理事務之情狀下，須直接排除無因管理規範適用。❺

解釋上，須無因管理規範未經特別規範排除適用及未造成價值衝突而無須排除適用時，其管理事務方得依第一七八條規定經由本人之承認，而準用

---

❷　Schwarz/Wandt, §3 Rdnr. 11.

❸　第一七八條第一項之規定係承襲自瑞士債務法第四二四條之規定，其規定如事務管理嗣後 (nachträglich) 經本人承認 (gebilligt) 者，適用委任之規定。與此相對，德國民法無因管理規範中並無相對應的規定。

❹　同樣將此規定解為係在無因管理性質許可範圍內，將委任規定「比照適用」於無因管理者，史著，頁 56。

❺　學說上亦有將民法第一七八條規定管理事務經本人承認後，適用委任規定而不適用無因管理規定之情形，以「無因管理之消滅」稱之。邱著，頁 101 以下；鄭著，頁 114；林著，頁 260。

委任之規範並排除無因管理規範之適用。蓋無因管理規範如經排除適用，如前述契約無效之情形，第一七八條之規範亦在排除之列，自無從再適用第一七八條來準用委任規範並排除無因管理規範適用。

五、適用無因管理規範的內在界限

管理法律關係的發生與無因管理規範之適用或排除適用，係屬兩個不同層次且應被加以區別的課題。申言之，即便依第一七二條成立無因管理法律關係，在個案中其未必能適用無因管理規範。故而，欲適用民法無因管理規範來處理本人與管理人間之法律關係，諸如第一七六條以下管理人對於本人求償及本人對於利益享有之規範時，除案例事實須符合第一七二條之要件而成立無因管理法律關係外，尚須確認無因管理之規範未經排除適用。

適用無因管理之規範，首先須無因管理規範不被其他特別規範所排斥，其次須無因管理規範適用的結果不會造成與其他規範之價值衝突，而無須在解釋上排除無因管理規範適用。此為無因管理規範適用的內在界限。最後，在未經特別規範排除及未造成價值衝突而無須排除無因管理適用時，須管理事務未經本人之承認，方能有無因管理規範之適用。管理事務如經本人承認，即依法須適用委任之規範，無因管理規範仍被排斥適用。

六、無因管理規範之準用

對於無因管理規範之準用，除不法管理係依第一七七條第二項規定準用第一項不適法無因管理，使本人得享有因管理所生之利益並負擔義務外[16]，在無因管理以外之規範，尚有第九五七條惡意占有人對於回復請求人請求必要費用的準用規範，及第三七五條第二項出賣人對於買受人請求危險移轉後交付前之非必要費用的準用規範。

---

[16]　參見「第十三章、四、(三)」之說明。

　　申言之，其共通之特徵，為其不成立無因管理法律關係（第一七七條第二項）、或未必成立無因管理法律關係（第九五七條、第三七五條第二項），但在即便不成立無因管理法律關係之情形下，均仍得準用無因管理之規範，來處理管理人與本人間之關係。

(一)惡意占有人請求必要費用的準用規範

　　依第九五七條之規定：「惡意占有人，因保存占有物所支出之必要費用，對於回復請求人，得依關於無因管理之規定，請求償還。」解釋上此屬於「法律效果之準用」規定⓱，具有創設出適用無因管理規定的效果，即當事人間無須具無因管理關係仍有無因管理規定之適用，而非僅具闡明規定的「構成要件之準用」。蓋如惡意占有人本若符合無因管理第一七二條前段之規定，能與回復請求人間發生無因管理法律關係，其本得對於回復請求人請求償還費用，且不限於必要費用、亦不限於與保存占有物有關之費用，何待第九五七條另外規定準用無因管理？再者，惡意占有人僅明知其無占有本權，即僅明知所管理者為他人事務且其屬無權占有，雖可能有管理意思而成立無因管理法律關係，亦可能根本無管理意思而不成立無因管理法律關係，因其係為自己利益而管理，屬不法管理。⓲此一準用規定之規範意旨，在使惡意占有人就保存占有物所支出之必要費用，均有依無因管理規定向回復請求人請求償還之可能，而不問其是否符合第一七二條前段規定而與回復請求人間成立無因管理法律關係。

　　故而，惡意占有人依第九五七條之規定，對於回復請求人請求償還費用

⓱　同樣認為第九五七條係指依無因管理之法律效果者，王澤鑑，《民法物權》，初版，2009年，頁648。

⓲　管理人成立無因管理時，其占有他人之物必然為惡意占有人，蓋管理人須有為他人管理之意思，其必然知道事務屬他人事務，而明知其對之無權占有。僅不真正無因管理中之誤想管理，因誤他人事務為自己事務，不知悉事務屬他人事務，方可能為善意占有人。然惡意占有人可能成立無因管理，亦可能不成立無因管理而屬不法管理。

時，一方面惡意占有人與回復請求人間無須成立無因管理法律關係，仍得依第九五七條而適用無因管理規定向回復請求人求償。另一方面，也因第九五七條中有特別規定，故僅因保存占有物所支出之必要費用，得準用無因管理之規定對於回復請求人請求償還。其他諸如有益費用或與保存占有物無涉之費用，惡意占有人仍不得準用無因管理之規定，對於回復請求人請求償還。

　　申言之，惡意占有人依第九五七條準用無因管理之規定，向回復請求人請求償還因保存占有物所支出之必要費用，將因所支出之必要費用其屬「符合回復請求人之意思與利益」或屬「不符合回復請求人之意思或利益」，而異其請求返還範圍。❶❾前者之情形係準用第一七六條之規定，惡意占有人求償之範圍不以回復請求人所得之利益為限，亦不問是否因該支出而產生利益，其對於回復請求人當然享有求償權；後者之情形係準用第一七七條第一項之規定，惡意占有人求償之範圍仍以回復請求人所得之利益為限，且其求償權之發生取決於須有因該支出而產生利益，以及回復請求人願享有該利益。

　　第九五七條在規範上準用無因管理之規定，來決定回復請求人返還之範圍，其優點在於，其使回復請求人於特定情狀下，即費用之支出「不符合回復請求人之意思或利益」時，尚有權透過不願享有利益，而根本不必負擔第一七七條第一項之費用返還義務。❷⓿申言之，惡意占有人已惡意占有在先，其必要費用之支出復「不符合回復請求人之意思或利益」在後，即不應強迫回復請求人應當然負擔必要費用。惟於所支出之必要費用屬符合回復請求人

---

❶❾　鄭玉波／黃宗樂，《民法物權》，修訂十五版二刷，2008年，頁473以下；王澤鑑，《民法物權》，初版，2009年，頁648以下；謝在全，《民法物權論》，下冊，修訂三版，2004年，頁626。第九五七條準用第一七六條之規定，並非指占有他人之物本身屬「符合本人之意思與利益」，而係指所支出必要費用「符合本人之意思與利益」。

❷⓿　惟回復請求人於惡意占有人之費用支出不符合回復請求人之意思或利益，而不願主張享有利益時，仍應適用不當得利之規定，返還惡意占有人所受之利益，返還範圍取決於回復請求人受領利益時是否知無法律上原因（第一八二條）。

之意思與利益時，回復請求人仍應負擔必要費用。

㈡出賣人請求危險移轉後交付前之非必要費用的準用規範

民法第三七五條：「標的物之危險，於交付前已應由買受人負擔者，出賣人於危險移轉後，標的物之交付前，所支出之必要費用，買受人應依關於委任之規定，負償還責任（第一項）。前項情形，出賣人所支出之費用，如非必要者，買受人應依關於無因管理之規定，負償還責任（第二項）。」申言之，如買受人應負擔標的物交付前之危險者，出賣人於危險移轉後交付前所支出之非必要費用，出賣人得準用無因管理之規定請求買受人償還。民法第三七五條第二項之非必要費用，學說上多認為係指有益費用。[21]

於危險移轉後交付前，由賣人為標的物支出的非必要費用，其可能有為買受人管理之意思而成立無因管理，亦可能不具管理意思而不成立無因管理，蓋買受人是否願履約交付價金尚未確定，出賣人所支出的非必要費用可能係為自己之利益而支出。第三七五條第二項之規範目的，即在使出賣人無論如何均有向買受人請求非必要費用之可能，而不問出賣人與買受人是否成立無因管理法律關係，均無礙求償權之成立。申言之，第三七五條第二項準用無因管理之規定，應為法律效果之準用，而非構成要件之準用。[22]

出賣人依第三七五條第二項準用無因管理之規定，請求買受人償還非必要費用，將因出賣人所支出之非必要費用係屬「符合買受人之意思與利益」或屬「不符合買受人之意思或利益」，而異其請求返還範圍。前者之情形係準用第一七六條之規定，出賣人求償之範圍不以買受人所得之利益為限，亦不問是否因其支出而產生利益，其對於買受人當然享有求償權；後者之情形係準用第一七七條第一項之規定，出賣人求償之範圍仍以買受人所得之利益為

[21]　鄭玉波，《民法債編各論》，上冊，十五版，1992年，頁74；邱聰智，《新訂債法各論（上）》，初版，2002年，頁171。認為應涵蓋有益費用與奢侈費用者，林誠二，《民法債編各論（上）》，修訂二版，2007年，頁236。

[22]　學說上認為第三七五條第二項解釋上採效果說者，林著，頁236。

限，且其求償權之發生須取決於因該支出而產生利益，以及買受人願享有該利益。申言之，如出賣人支出之非必要費用係屬不符合買受人之意思或利益，且買受人不願享有該利益時，買受人即得不負第一七七條第一項之費用償還義務。此時，買受人應另依不當得利之規定，對於出賣人返還所受之利益。

第 *04* 章
無因管理債之關係的成立要件㈠：
管理人未受委任且並無義務

一、事務管理不違反本人意思及有利本人並非成立要件

第一七二條後段規定「管理應依本人明示或可得推知之意思，以有利於本人之方法為之」，然不符合第一七六條第一項「管理事務，利於本人，並不違反本人明示或可得推知之意思」規定時，第一七七條第一項仍舊賦予本人在一定條件下之特定法律效果。故體系解釋民法第一七二條、第一七六條、第一七七條第一項之規定可知，究竟管理人是否有依本人明示或可得推知之意思來管理事務、是否以有利於本人之方法來管理事務，均非無因管理債之關係的成立要件。❶

事務管理究竟是否符合本人意思且有利本人，僅在無因管理規範下被賦予不同的法律效果，並在概念上分別以適法無因管理與不適法無因管理稱之，其無礙無因管理法律關係之成立。申言之，第一七二條規定僅前半段屬於無因管理債之關係的成立要件，後半段為事務管理時的法定要求或方法，或成立無因管理關係時之「適當的管理義務」，而非無因管理之成立要件。

二、管理人與本人

㈠管理人

管理人係指管理事務之人，其無須自行管理，亦得使用他人來進行管理，

---

❶ 學說上同樣強調民法第一七二條後段之規定只可解為管理方法，並非無因管理成立要件者，鄭著，頁104。

如僱傭、委任他人來管理事務。此等實際上進行管理之人，學說上稱為「事務管理輔助人」(Geschäftsführungsgehilfe)。事務管理輔助人縱非管理人，然其行為仍歸屬對其進行委任或聘僱之僱傭人、委任人。此諸如船長在海上對於受救助人採取救援措施時，以船東為無因管理之管理人；法人機構員工的行為，係以該法人為管理人；地方自治團體如縣市政府之警察、消防隊員之職務行為，則以該地方自治團體為管理人。❷

管理人不須有法律行為之完全行為能力，管理人在法律行為上縱屬限制行為能力人或無行為能力人，亦與管理人之特質不產生矛盾。蓋一方面無因管理本質上係以事實行為發生法定債之關係❸，故而進行事實行為、管理事務的本身本無須具備法律行為的完全行為能力，且管理事務之方式本得以事實行為行之。然學說上補充強調，管理人仍須具備「管理能力」(Gestionsfähigkeit)，即能為他人執行其利益之能力。❹故而，無行為能力人或限制行為能力人得成為無因管理法律關係下之管理人，於具備相關法定要件時，即依法與本人間發生無因管理法律關係。❺

如六歲孩童發現路人昏迷在路上，其撥打電話代為求救並產生通話費用，就此代為求救之救助行為上，應認為該無行為能力孩童具有管理能力，於其他無因管理成立要件具備時，得依無因管理之規範處理該孩童與受救助之路人間的法律關係，該孩童得向受救助人請求償還所支出的電話費。❻惟若八

---

❷ Schwarz/Wandt, §4 Rdnr. 4.

❸ 參見「第一章、三」之說明。

❹ Schwarz/Wandt, §4 Rdnr. 4.

❺ 王著，頁382；黃立著，頁182；黃茂榮著，頁375。學說上強調限制行為能力人或無行為能力人具有意思能力已足者，邱著，頁88。

❻ 於德國民法下，如無行為能力與限制行為能力人為管理人時，第六八二條另有規定，無行為能力與限制行為能力人之責任，僅以依侵權行為損害賠償或不當得利返還之規定，負其責任。申言之，無行為能力與限制行為能力人仍能與本人成立無因管理之法律關係，只是其責任限於侵權行為或不當得利規定下之責任。在我國學說上亦有強調，限制行為能力人

歲孩童發現機車倒在路邊，主動拆解研究如何修理而造成車主損害，由於該限制行為能力孩童不具備此等修理機車之管理能力，該孩童與受協助之機車車主間應認為不成立無因管理之法律關係，亦即並無第一七四條無過失責任規範之適用。

　　個案中，管理人可以是一人或是數人出現在他人事務之管理中。於多數管理人間共同進行管理行為時，如甲、乙共同救助在路邊昏倒的 A，並分別掏出口袋中之現金招呼計程車送醫。而在多數管理人之無因管理法律關係之成立，解釋上可認為，如甲、乙自身的救助行為均能符合無因管理法律關係之要件，即能共同成立無因管理之法律關係，為單一債權下多數債權人的可分之債（第二七一條）。解釋上，各該管理人應依各自所發生之費用及損害的數額，共同對本人享有可分之費用償還及損害賠償債權（第一七六條），來分受基於該債權之給付。

　　倘多數管理人間分別對同一本人進行管理行為，如甲為救助在路邊昏倒的 A 而招呼計程車請司機送至醫院並支付車資，乙於醫院急診室主動為昏迷的 A 支出醫藥費，多數管理人並無共同行為時，解釋上應認為分別根據甲、乙其自身的救助行為，各自檢驗其對於 A 是否成立無因管理之要件，判斷其對於 A 是否成立無因管理之法律關係。此時所成立者，為複數的無因管理之法律關係，而非單一債權下多數債權人的可分之債，各該管理人就各自所發生之費用及損害，對於本人享有獨立的費用償還及損害賠償請求權。

㈡本　人

　　無因管理之本人，不僅無須具備行為能力，甚至無須具備意思能力。故而，對於限制行為能力人或無行為能力人，亦能成立無因管理法律關係。❼

　　或無行為能力人為管理人時，其於無因管理規範下之責任，應依如第一八七條之一般規則處理。黃立著，頁 182。

❼　王著，頁 382。

無因管理法律關係本質上係基於事實行為所發生之債之關係，本人即無須具備法律行為之行為能力。如昏倒於路邊的六歲孩童，受到路人救助送至醫院，路人與孩童間得成立無因管理之法律關係，向該孩童求償。

　　管理人亦可能因為一個單數不可分之管理行為，同時對於多數本人之事務進行管理。如路人 A 撲滅公有地之火災，使緊鄰於旁之甲所擁有的住屋及乙所擁有的倉庫同時免於被燒毀之命運，解釋上應認為管理人 A 對於甲、乙成立複數、個別的無因管理法律關係，即多數債之關係，使甲、乙間成立「不真正連帶債務」❽，使管理人 A 就所支出之費用，得向甲或乙全數求償。又因甲或乙並非「關於物或權利之喪失或損害，負損害責任之人」，不符合第二一八條讓與請求權之要件，在個案中將造成受請求之本人中一人須單獨終局承受全數管理費用的結果，似有不公。然倘解釋上逕認為管理人 A 對於甲、乙仍成立單數的無因管理法律關係下之多數債務人，而甲、乙為可分之債的債務人，平均分受該管理費用償還及損害賠償義務（第二七一條），則將使管理人實際上承擔對於本人求償無效果的風險，此一結果反而對於管理人更為不公平，而無法達到促進人性互助之規範目的，使人人畏於從事有為多數本人管理意思的單一管理行為，且於同一案例中，將使有為多數本人管理之意思的管理人，置於較僅有為單一本人管理之意思的管理人更不利的地位，更屬不公。故而，在多數本人時，使多數管理意思共用同一管理行為，認定成

---

❽　德國民法中並無相當於我國民法第二七二條連帶債務之成立以債務人間有明示之約定或法律規定者為限的規定。如數債務人均就債務之全部負給付義務，其責任均屬於同一順序位階，無人需單獨負終局責任者，即能成立連帶債務。故而，德國學說上即認為，管理人對於多數本人間之無因管理，多數本人間係構成連帶債務。Schwarz/Wandt, §5 Rdnr. 93. 我國民法第二七二條規定，連帶債務以債務人間有明示之契約約定或法律規定者為限。而法律中並無關於無因管理之多數本人可成立連帶債務之規定，而於管理人進行事務管理前，該多數本人間亦不會先就未來可能發生的償還義務，先為連帶債務之約定。故而，多數本人間對於同一管理人（債權人）就同一費用償還義務，並無法構成單數債之關係下之連帶債務。

立複數無因管理法律關係，即便係由多數本人中受請求之一人終局承擔受請求費用之全數，其既然受有管理利益，此一結果對其仍屬公允。

於多數本人之情形，然如多數本人間有一人須對於他人就此管理事件負終局責任之情形，如路人 A 救助車禍傷者甲，肇事者為乙，惟此時管理人 A 之救助行為除為傷者甲處理事務外，亦是為肇事者乙處理救助被害人事務，甲、乙均為 A 之管理行為的本人。此時即與前述之情形略有不同，即便 A 向甲請求管理所生費用，令甲對 A 償還全數之管理費用亦無妨，因甲對於乙本有侵權行為損害賠償請求權，甲實際上並未終局承受此等費用。

如個案中認為管理人之管理行為可分，即有複數管理行為，如前揭救火之案例，為防止火勢蔓延過來，管理人 A 特別為乙的倉庫預先噴灑較為昂貴特殊的化學藥劑，對於甲僅噴灑一般的水來防止火勢蔓延，此時即可基於 A 對於甲、乙分別進行不同的管理行為，直接認定成立複數不同的無因管理債之關係，使甲、乙分別對於 A 負擔不同的費用返還範圍。

三、管理人未受委任並無義務

㈠無因管理規範補充成立之性格

無因管理法律關係之成立，須管理人未受委任並無義務，此乃無因管理之消極要件。如管理人有契約上或法律上義務而須管理他人之事務，亦即管理人取得契約上或法律上管理他人事務之「權限」時 ❾，即便管理人客觀上有管理他人事務之行為、主觀上有為他人管理事務之意思，此時即應依契約內容或法律規範，來處理管理人與該他人（本人）間之法律關係，而非求諸於無因管理之規範；故而，管理人受有委任或有契約上或法律上義務時，在構成要件上直接阻卻無因管理關係之成立。如前所述，此為立法者在民法第

---

❾　德國民法第六七七條無因管理之成立要件中，即使用「未受他人委任，且對其並無其他權限 (sonst dazu berechtigt zu sein)」的用語。

一七二條規範構成要件上逕賦予無因管理規範補充成立之性格。

㈡享有權限或負擔義務均能阻卻無因管理成立

無因管理制度所欲處理者，本為對於他人之事務無權進行管理時，管理人與該他人（本人）間之關係。此等管理人無管理事務「權限」(Befugnis; Legitimation) 卻進行管理情形，可能是管理人與他人間根本無契約上或其他法律上之權限存在，也可能是管理人與他人間之契約關係已經消滅、契約歸於無效之情形❿，亦可能是管理人逾越了其契約上或法律上權限（或義務）範圍之管理行為。⓫故而，何種情形下究竟係屬「有權限」之管理他人事務而不成立無因管理之法律關係，或如條文要件所展現出的，何種情形下方真正屬於「未受委任，並無義務」之管理他人事務，在無因管理規範之適用上將具有重大實益。

惟應認為，解釋第一七二條中「並無義務」之概念時，不宜拘泥其「義務」之文字。一般而言，因契約或法律規定負有管理義務之人，亦因此而享有管理之權限。然概念上亦得想像，在管理人與本人之內部關係中，因本人單方之授權行為或因雙方之契約約定，管理人僅取得管理權限但不負有管理義務，而此通常係在本人單方授權處理事務之情形。

如本人於管理人之攤位留下紙條，授權其代為招呼顧客，該管理人即取得管理事務之權限時，雖管理人並未負擔義務而似符合條文中「並無義務」之要求，惟解釋上此依然阻卻管理人與本人間無因管理關係之成立，以符合無因管理規範所欲處理者為無權干涉他人事務之規範意旨，且此時本應依管理人與本人間授予權限之內部關係來處理雙方之權利義務。⓬申言之，管理

---

❿　於契約歸於無效之情形，如「第三章、三、㈢」所述，為避免規範上之矛盾，雖本人與管理人間能成立無因管理關係，惟解釋上仍不適用無因管理之規範，而專以不當得利規範處理當事人間之法律關係。

⓫　Schwarz/Wandt, §4 Rdnr. 42. 我國學說，參見鄭著，頁 104；孫著，頁 116。

⓬　我國學說亦有強調，雖無義務，但有權利（如取得代理權）時，亦不成立無因管理。鄭

人就管理他人之事務享有權限或負擔義務，其均能阻卻無因管理成立。

㈢涵蓋契約或法律上所規定義務與權限

在無因管理須符合第一七二條所要求的「未受委任，並無義務」消極要件上，本書認為，第一七二條中「未受委任」僅係「並無義務」之例示態樣，判斷重點毋寧是在後段「並無義務」此一要件，蓋「並無義務」在文義上本未區別契約上之義務或法律所規定之義務，其本可涵蓋「未受委任」之態樣。❸

申言之，於受有委任之情形下，其將產生受任人為委任人管理事務的契約上之義務，當然不合於並無義務之要求，故本無庸將未受委任另外列出為適用之要件。且管理他人事務之義務，除根源於委任契約外，亦可以是源於其他契約類型之契約上義務，此諸如僱傭契約下之受僱人義務，或承攬契約下之承攬人義務。條文前段於眾多意定之債中，僅選取「未受委任」此一類型作為消極要件實過於狹隘，其應僅在強調受有委任之情形，為常見之有權干涉他人事務態樣。❹

管理他人事務之義務與權限，除源自於契約約定、本人單獨行為之權限授權等法律行為外，亦可源於法律上所規定義務與權限，此觀第一七二條「並無義務」並未限定於契約上義務自明。故而，父母依民法第一〇八八條第一

著，頁104。

❸ 我國學說上有認為「未受委任」為贅詞者，邱著，頁88以下。另有認為，雖第一七二條條文僅提及「未受委任」，實際上涵蓋一切意定授權關係，其乃無契約上義務之例示，與此相對，「並無義務」之要件僅係指無以法律為規範基礎之權源，即無法律上的義務。黃茂榮著，頁364註1；王著，頁381以下；林著，頁241。

❹ 德國學說上亦有謂，無因管理於德國民法第二編第三章第十一節之德文法定節名用語「未受委任下之事務處理」(Geschäftsführung ohne Auftrag) 實過於狹隘，蓋無因管理所規範者，不只是未受委任下之情形，亦須是未有任何意定或法定債之關係下之情形。Schwarz/Wandt, §2 Rdnr. 2; Fikentscher/Heinemann, Schuldrecht, 10. Aufl., Berlin: de Gruyter, 2009, Rdnr. 1259.

項規定，對於未成年子女之特有財產進行管理，或父母依民法第一〇八四條第二項規定，對於未成年子女負有義務進行保護及教養，此時父母均為依法負有管理子女事務之義務，並不因其管理行為及管理意思，而與未成年子女間產生無因管理的債之關係。

此外，扶養義務人對於扶養權利人負有扶養義務（第一一一四條、第一一一五條），連帶債務人對於連帶債權人亦負有全部給付義務（第二七二條）。即便尚存在其他扶養義務人或其他連帶債務人，前揭義務人之一人雖對於權利人負有給付全部數額之義務而超出其應分擔之數額，但其並未對其他義務人負有為其給付的義務。故即便管理人係在履行自己法律上或契約上對第三人的義務之行為，於給付超過其應分擔之數額時，管理人與他人（本人）間仍屬無契約上或法律上義務，於具備其他無因管理之成立要件時，仍可能對於他人構成無因管理。❶❺

本人與管理人間之契約無效之情形，形式上管理人並不負有義務為管理行為，而符合並無義務之要求，德國實務上認為此時仍能成立無因管理。❶❻如前所述，我國學說上有認為此時管理人並無管理之意思，管理人與本人間仍無法成立無因管理之法律關係。❶❼解釋上應認為，此一類型不應在無因管理規範之適用範圍中，以免造成無因管理與不當得利二者規範間之衝突，申言之，在契約無效而受有利益之情形，不當得利為應優先加以適用之特別規範，而不適用無因管理之規範來加以處理。❶❽

---

❶❺　史著，頁 59；鄭著，頁 104；邱著，頁 89。惟就成立連帶債務之情形（如僱傭人依第一八八條與受僱人連帶負賠償責任，僱傭人進行賠償時），有認為此時並無為他人（如受僱人）清償之意思，欠缺管理意思，而不成立無因管理者，林著，頁 241；王著，頁 380。同樣認為不成立無因管理者，黃茂榮著，頁 379 以下。

❶❻　Schwarz/Wandt, §4 Rdnr. 44, §3 Rdnr. 7.

❶❼　王著，頁 380、381；黃立著，頁 183。

❶❽　參見第三章之說明。我國學者認為本應適用不當得利而非無因管理之規定者，黃茂榮著，

㈣正當防衛、自助行為

　　管理人得依第一四九條、第一五一條之規定，進行正當防衛或自助行為之行為，此諸如土地所有權人移開擋在其入口的車輛，或誤停在其土地上之車輛。惟依此等規定，**⑲**學說上認為此並非法律規定就他人事務進行管理之義務與權限，管理人依此等規定所進行之管理行為仍能符合無因管理關係成立要件中「並無義務」之法定要求。**⑳**

　　申言之，管理人依此等正當防衛、自助行為規定所進行之行為固不屬管理人之義務，解釋上僅能認為管理人有權進行正當防衛、自助行為而不具違法性，仍不能因此認為管理人具有管理他人事務之權限。故而，管理人仍能與本人成立無因管理之法律關係，向本人求償。蓋如認為管理人因此屬具有管理他人事務之權限，將造成管理人因行使法定正當防衛、自助行為權利，而不能成立無因管理法律關係，喪失對本人之償還請求權的效果，造成規範間之衝突。

㈤無契約關係及損害賠償請求權

　　如果管理人與本人間本有契約關係存在，於本人（債務人）未履行契約義務、未提出給付時，倘若管理人（債權人）為本人管理事務，而自行取得該給付或進行該行為，即便管理人並無義務，所管理者亦為他人事務，就管理人此等「自助行為」即代為履行所產生之費用，學說上強調，不得援引無因管理法律關係來向本人求償，即管理人不適用無因管理法律關係來處理管理人與本人間之關係,蓋此時無因管理之規定為債務不履行之規範所排斥。**㉑**

頁 372。

⑲　Schwarz/Wandt, §8 Rdnr. 20.

⑳　Schwarz/Wandt, §4 Rdnr. 43; Seiler in: MünchKommBGB, §677 Rdnr. 43. 惟應強調者，管理人依正當防衛、自助行為規定行為時，是否兼有為該他人管理事務之意思而成立無因管理，或僅具有防衛自己權利之意思而不構成無因管理，仍須依個案情形決定之。

㉑　Schwarz/Wandt, 2009, §8 Rdnr. 20.

　　申言之，管理人不僅須是「並無義務」，且管理人與本人間尚須是於無契約關係時，管理人方得適用無因管理之規範，來就自助行為所生費用向本人求償。若雙方存在契約關係時，應依當事人間之契約關係來處理。一方面契約法中已有債務不履行之機制充分規範債務人不履行債務時雙方之關係；另一方面，於契約關係下，民法中已有少數特別規範，允許債權人就自助行為所生費用有求償權，即僅於例外之情形債權人始被允許進行自助行為。此諸如承攬契約中定作人自行修補及請求承攬人償還費用之規定（第四九三條第二項），及租賃契約中承租人自行修繕及請求出租人償還費用之規定（第四三〇條後段）。故而，在有契約關係時，債權人尚不得依無因管理之規範，就其自助行為之費用向債務人求償。

　　學說上亦強調，管理人若已享有損害賠償之權利，如本人侵害管理人之權利而負有侵權行為之損害賠償請求權時，本應循該規範來求償，管理人亦不適用無因管理之規範，就自助行為所生費用向本人求償，即無因管理之規範為損害賠償之規範所排斥。[22]如甲開車過失撞壞乙的商店櫥窗，甲的車子仍停在乙的商店櫥窗上。甲本負有侵權行為損害賠償義務而須回復原狀，如乙自行僱工為甲將車輛移除，並自行僱工修復櫥窗，而有花費，甲本得依第二一四條以下規定求償，因其正涵蓋此等回復原狀之必要費用，故而，即便甲有為乙管理之意思，甲仍不得依無因管理之規範就此等費用求償。

(六)客觀判斷義務之有無

　　管理義務有無的判斷時點，以管理事務開始時為準。[23]而管理人是否負有管理義務，須客觀判斷，而非依管理人主觀之意思。[24]如客觀上有管理義務，管理人誤信其無義務時，管理人即便有管理意思，其所進行之管理行為

---

[22]　Schwarz/Wandt, §8 Rdnr. 20.

[23]　史著，頁59。

[24]　邱著，頁89。

仍不成立無因管理之法律關係；如客觀上無管理義務，管理人誤信其有義務時，其所進行的管理行為仍能與本人成立無因管理之法律關係。❷❺

客觀上有管理義務，管理人誤信其無義務之情形，諸如甲清潔公司誤以為未曾與 A 訂立過清運垃圾之契約，甲主動幫 A 清理其放在門口的垃圾，然實際上雙方曾經締約並仍有效，甲在客觀上仍屬負有契約義務之狀態，不因甲主觀上認為並無義務而有不同，不符合並無義務之法定要求。故而，甲為 A 清理垃圾之管理行為，即便甲有為 A 管理之意思，仍不構成無因管理之法律關係，就甲所生費用及所受損害，甲與 A 本應依雙方間之契約關係處理，而不適用無因管理之規定。

於客觀上無管理義務，管理人誤信其有義務之情形，一方面此時管理人客觀上並無義務，另一方面管理人履行自身（實際上不存在的）契約義務之意思，不排斥與為他人管理事務意思並存❷❻，蓋為自己履行契約義務即須為他人進行管理，履行契約之意思本具有管理他人事務意思之內涵。此諸如甲清潔公司誤以為曾與 A 訂立過清運垃圾之契約，實際上未曾締約，甲遂每日將 A 置於門口之垃圾清運走，甲客觀上並無義務，符合並無義務之法定要求，且甲於清潔垃圾時主觀上即有管理 A 之事務之意思，此等管理意思並不因清運垃圾契約客觀上是否存在而有不同，亦不因甲主觀上認為清運垃圾契約是否存在而有不同。

㈦不限對於本人負有義務

如本人外之第三人與管理人以契約約定，管理人須對於本人進行管理行為作為契約義務之內容時，管理人對於本人有管理行為，所管理者亦為他人（本人）事務，雖然管理人與本人間不存在著管理義務，然管理人卻受第三

---

❷❺　孫著，頁 116；史著，頁 59；鄭著，頁 104。

❷❻　關於「為自己」管理之意思不排斥「為他人」管理之意思，二者可以並存，參見「第六章、二」關於「管理意思」之說明。

人委任、對於第三人負有管理義務,德國學說上稱此種管理人為「受義務拘束的管理人」(pflichtgebundener Geschäftsführer)。❷

　　此例如,土地所有權人 A 委請拖吊公司 B,將未經 A 同意而擅自將車子停在 A 土地上之 C 所擁有的汽車拖吊走。又例如,於颱風來襲前,本人外之第三人 A 與管理人 B 木匠訂立契約,請 B 修理鄰人 C 的柵欄時,A 與 C 之間是否成立無因管理的債之關係,則係另一問題,其通常能成立。❷ 於前揭案例中,進行拖吊或修繕行為之管理人 B 固然對於 C 不負有義務,然 B 卻因對於 A 負有向本人 C 給付的義務。B 與 C 之間是否亦能成立無因管理的債之關係,即值得討論。

　　解釋上應認為,並無義務之要件,管理人不僅是對於本人不負有契約上或法律上義務,尚須對其他任何人亦不負有須為本人進行管理之義務時,方屬「並無義務」,而能成立無因管理之法律關係。特別是我國民法第一七二條條文僅使用「未受委任,並無義務」措辭,條文中並未限於對於本人(他人)不負義務,亦未就對於本人或其他非本人之人不負有義務進行區別。故而,「並無義務」須為廣義的理解,管理人須客觀上對於任何人均不負有義務進行管理行為,方能該當並無義務之要求。❷ 故而,如管理人與本人外之第三人間義務之內容為向本人給付時,即於「受義務拘束的管理人」之情形,管理人仍屬負有義務,管理人與本人間仍不成立無因管理之法律關係。❸

---

❷　Schwarz/Wandt, §8 Rdnr. 1.

❷　A 對於 C 並不負有義務,A 通常有為 C 管理之意思,A 並有管理行為,且所管理者屬他人 (C) 之事務,A 與 C 間能成立無因管理之法律關係。

❷　與此相對,德國民法第六七七條之措辭為「未受其(該他人,即本人)委任,且對其並無其他權限」,僅對於本人並無義務或權限時,仍能成立無因管理之法律關係。故而,在德國民法下,即便管理人對第三人存在著義務或權限時,仍不排除「受義務拘束的管理人」與本人間成立無因管理之法律關係。Schwarz/Wandt, §4 Rdnr. 42. 而德國民法制訂過程中,第一次草案第七六〇條本有就此加以規定,原則上排除其成立無因管理之可能,而於第二次委員會時,則將前揭規定刪除,而留待給學界討論。Schwarz/Wandt, §8 Rdnr. 4 Fn. 1.

　　申言之，即便管理人與本人間並不存在著契約上之管理義務，契約義務僅存在於管理人與第三人間，然因契約義務內容為管理人須對於本人給付，管理人客觀上仍非處於條文所要求的「並無義務」之狀態，仍應認為管理人與本人間不成立無因管理法律關係。再者，於此情形，由於管理人與第三人間已經有契約處理二者間之關係，本應循此契約來處理當事人間之利益，管理人之權益即已受有保障，即不應透過無因管理之制度再為管理人創設出對於本人之請求權，使本人承擔原本應由第三人承擔之責任，讓無因管理法律關係來取代契約責任。❸ 故而，本應令第三人對於管理人負契約上之責任，並在個案中肯定第三人與本人間成立無因管理之法律關係才是，而非在解釋上將「並無義務」目的性限縮為管理人對於本人無管理義務已足，造成管理人與本人間亦成立無因管理之法律關係，使本人須同時面對兩個無因管理之

---

❸ 同樣認為不成立無因管理法律關係，史著，頁 58 以下；孫著，頁 115；黃茂榮著，頁 371 註 11。學說上有認為，如夫（第三人）延醫（管理人）為妻（本人）治病之利益第三人契約的情形，此時管理人醫生係履行對於夫之契約義務，不能認為有為妻管理之意思，管理人與本人間不成立無因管理法律關係，醫生不得轉向妻依無因管理之規定來請求，王著，頁 382。我國學說上另有認為，於本人對於管理人無直接請求權之情形（不真正利益第三人契約之情形），本人與管理人間仍能成立無因管理關係。林著，頁 242。德國實務上則認為，雖管理人與第三人間存有契約，然管理在事務屬性上，管理人履行契約之行為仍是「兼屬他人之事務」(auch-fremdes Geschäft)，並推定管理人具有「管理意思」，且在判斷管理人與本人之關係時，管理人與第三人間之契約，不生影響，此時仍能成立無因管理之法律關係。然於管理人與第三人間之契約中，有就管理人與第三人間之權利義務，特別是價金之課題加以規範時，德國實務同時也限制前揭見解之適用範圍，即認為不成立無因管理之法律關係。惟學說上亦有認為此時並非他人事務或不具管理意思，管理人僅僅欲履行其對於第三人契約義務，管理人與本人間不成立無因管理關係，無因管理制度不應為雙務契約之當事人另外創造出對於他人（本人）之請求權。Schwarz/Wandt, §8 Rdnr. 5.

❸ 德國學說上反對受義務拘束的管理人可成立無因管理法律關係者，亦認為此等管理人已對於第三人享有契約上之價金請求權，無庸擴張無因管理之適用範圍來為其創設出對於本人請求權。Schwarz/Wandt, §8 Rdnr. 5.

法律關係之結果。

　　概念上應區別者，如管理人對於第三人雖負有義務，但義務內容並非管理人對於本人給付或進行管理，而係管理人向該第三人履行二者間契約上之義務時，即便所履行契約義務之內容正係為管理他人（本人）事務，此時管理人仍並非「受義務拘束的管理人」，管理人仍屬「並無義務」，而可能發生無因管理法律關係。如保證人甲未受主債務人（被保證人）A 或任何人的委任，主動對於 A 對債權人銀行 B 之債務進行保證，甲依該與 B 之間的保證契約負有義務就 A 之債務對於 B 代負履行責任，並對於 B 清償。甲固然對於 B 負有清償 A 之債務的義務，但係在履行甲、B 間之保證契約，管理人甲並未對於本人 A 或任何人負有須為 A 進行保證及為 A 清償之義務，甲為 A 進行保證並為 A 清償行為仍屬「並無義務」，甲、A 之間仍成立無因管理法律關係。❸❷又例如，甲聽到鄰居 A 家中的小朋友遺失中午的便當錢而哭泣，甲為了 A 的小朋友，主動以自己名義向 B 購買便當，甲並對 B 清償了價金債務，甲雖依甲、B 間之契約對於 B 並負有支付便當價金義務，惟在甲與 A 之間，甲主動為 A 的小朋友購買便當並清償價金之行為仍屬「並無義務」，且屬「他人事務」，甲與 A 仍成立無因管理法律關係。

(八)基於公法上之義務

　　前揭受義務拘束的管理人的情形，亦可能發生在管理人係基於公法上之義務對於受救助人進行管理行為，並因此發生費用或受有損害。此等負有公法義務管理人之管理行為，如消防隊之救火行為、警察於道路交通上之救助行為。如解釋上認為管理人對於受救助人並無管理義務時，其僅對於國家負有「公法上」管理義務時，該管理人對於受救助人之救助行為是否符合第一

---

❸❷　同樣認為保證人未受委任之保證行為並對債權人清償時，雖保證人對於債權人之義務係在為主債務人代負履行責任，然此係履行保證人對於債權人之契約義務，保證人仍可對於主債務人（被保證人）構成無因管理者，史著，頁 59；孫著，頁 115；林著，頁 242；鄭著，頁 100；王著，頁 381。

七二條條文中並無義務之要件，即生爭議。

　　如前所述，在管理人對於第三人負有向本人提供管理行為之義務時，其即屬「受義務拘束的管理人」，仍係負有義務，而不符合「並無義務」要件。而此等義務不應因其係公法上義務或私法上義務而有別，蓋條文並未就此進行區分。故而，負有公法義務之管理人對於受救助人之職務上行為，雖係履行此等管理人對於國家所負之義務，惟因管理人對於國家義務之內容即在對於個人提供保護，於負有公法義務之人與受救助之個人間，仍不成立無因管理法律關係，負有公法義務之人仍不得對於所支出費用向受救助之個人請求償還。❸❸申言之，對於國家在公法上負有向受救助人提供救助義務之人，並不符合第一七二條條文中「並無義務」之要件，其與受救助人間不產生無因管理之法律關係，而無法向受救助人依無因管理之規定請求償還費用或賠償損害。

　　解釋上亦可認為，警察或消防隊等管理人之救助行為，其對於受救助人雖有管理之行為，且管理時對於受救助人具有管理意思，即便管理人與受救助人間並無契約上之義務，然卻可自相關公法法規或其規範目的導出，管理人除對於國家外，亦直接對於受救助之個人負有提供救助之公法上義務❸❹，管理人與受救助者間不成立無因管理法律關係。❸❺

---

❸❸　史著，頁 59；孫著，頁 115。不同見解，認為即便基於公法上規定而負有義務管理他人事務時，在民法上仍屬並無義務，仍可構成無因管理法律關係，黃茂榮著，頁 372 註 12。

❸❹　以警察救助受害人為例，警察法第二條規定：「警察任務為依法維持公共秩序，保護社會安全，防止一切危害，促進人民福利。」第九條第七款規定：「警察依法行使左列職權：七、有關警察業務之保安、正俗、交通、衛生、消防、救災、營業建築、市容整理、戶口查察、外事處理等事項。」

❸❺　我國學說上有強調警察與消防隊對於遭遇災難之人進行救助，此時其係盡法律上義務，不成立無因管理，其前提即承認管理人對於受救助人負有管理義務者，王著，頁 382；林著，頁 241。相對於此，學說上亦有認為，在管理人有公法上對第三人之義務時，仍對本人成立無因管理，政府消防單位救護車載送傷者就醫，傷者仍應依使用者付費原則付費，

　　然有爭議者，管理人固然基於公法上之義務須對於受救助人（即肇事者之被害人）進行管理行為，然該管理人是否與造成此等災難事件之肇事者（如放火者、肇事者、肇事逃逸者）間產生無因管理之法律關係，而得向其求償？申言之，負有公法上義務之管理人向受救助人進行救助之行為，對於肇事者而言是否符合「並無義務」之法定要求？

　　論理上，管理人須對於第三人負有向本人提供管理行為之義務時，方屬受義務拘束的管理人，仍屬負有義務。然負有公法義務之管理人其所對於國家所負有之義務，僅係對受救助人提供管理行為，即直接對受救助人之救助行為，其並非對於國家負有為肇事者提供管理行為之義務，如為肇事者處理救助事務。申言之，對於警察或消防隊等管理人，肇事者並非其公法義務下管理事務之本人，僅受救助人方為其公法義務下管理事務之本人。故而，管理人一方面既未對於肇事者負有為其處理災難事件之義務，另一方面管理人亦未對於國家負有為肇事者處理事務之義務，故其亦非受義務拘束的管理人，管理人因此對於肇事者處於並無義務之狀態。又肇事者本有處理自己造成的災難事件之義務，對於管理人而言此係屬他人事務，而於具備其他要件時，負有公法義務之管理人與肇事者間仍能成立無因管理之法律關係，管理人而得基於無因管理法律關係對於肇事者求償。❸❻

其依據應仍係無因管理之法律關係。其成立無因管理前提，即認為此時管理人對於受救助人仍屬「並無義務」。黃立著，頁183。

❸❻ 在德國實務上，認為管理人為公法上主體，負有公法義務而涉及公法關係時，如公法規範並非排他的規範時，即並未就誰應採取該特定管理行為之課題加以規範時，即屬於「違反計畫的漏洞」（planwidrige Lücke），對於肇事者原則上並不排斥民法無因管理規範之適用，並認為此時事務性質屬下述「兼屬他人之事務」，且負有公法義務之管理人推定具有管理意思，其所支出的費用因之可受償。惟德國學說上持相反見解，認為此時不應適用無因管理之規範來創造出對於人民之新的規費請求權，蓋此等規費之負擔本應依公法規範決定，而非毫無區別地移至民法無因管理規範處理，又公法義務下事務管理之「他人性」被否認，而管理意思亦係被擬制出而有疑義，且即便本人之意思或指示符合德國民法第六七九

㈨依循本人之指示之義務不構成第一七二條之義務

　　於未受委任並無義務情形下，為他人管理事務管理行為開始後，經依一七三條第一項通知本人而本人就管理有所指示，管理人對於接下來之管理行為即有義務依循本人之指示。此等因本人有所指示而對於管理人所生之義務，並無法被解釋為管理人具有第一七二條之義務，即經本人指示後並不阻卻已成立的無因管理法律關係。蓋管理人無義務之判斷時點仍應以開始管理時為判斷基準時點，不應因該嗣後之指示而使整個管理行為成為負有義務之管理而阻卻無因管理關係之成立。申言之，判斷「未受委任，並無義務」僅應根據管理事務之承擔上是否受有委任及負有義務、享有管理權限來加以判斷，管理人於管理事務之實施上經本人指示而負有遵循本人指示之義務，仍非第一七二條前段之負有義務。

　　條（相當於我國民法第一七四條第二項）之法定要求，管理人（如警察或消防隊）本不欲依德國民法第六八一條（相當於我國民法第一七三條）等待本人（肇事者）之指示。Schwarz/Wandt, §8 Rdnr. 9 f. 我國學說上，認為負有公法義務之人，可對於應負責之人，如肇事者，成立無因管理，黃茂榮著，頁384。

第 05 章
無因管理債之關係的成立要件㈡：
管理人管理他人事務之行為

一、管理人管理事務之行為

民法第一七二條要求無因管理之成立，須管理人有進行「管理事務」 (Besorgung eines Geschäfts) 之行為，在概念上排除了不作為成立無因管理之可能。❶德國學說上也強調，單純的容忍或不作為亦不構成管理事務之行為，須為受意思操控之作為方能該當。❷

事務管理之進行得以事實行為或法律行為行之。❸事實行為如進入鄰人家中救火；法律行為如購買食品給鄰人家中兒童食用，或代替暫時離開的隔壁攤位出賣其商品。管理事務之行為，無論是保存行為、利用行為、改良行為、管理行為、收益行為、處分行為、或為本人取得權利或負擔義務之行為、為本人清償債務之行為均屬之。❹所管理之事務被認為排除構成無因管理之情形，如學說上強調，違反法律強行規定或公序良俗之行為，不得成立無因管理之法律關係。此諸如主動為鄰人保管盜贓物、購買毒品。❺此外，純粹宗教、道德事項，不適於為債之標的者，亦不得成立無因管理之法律關係，

---

❶ 史著，頁 57；王著，頁 376；鄭著，頁 101；林著，頁 237；邱著，頁 87；黃茂榮著，頁 375。

❷ Schwarz/Wandt, §4 Rdnr. 1.

❸ Schwarz/Wandt, §4 Rdnr. 1. 惟如前所述，無因管理之本質，仍為基於管理人之事實行為所發生之法定之債，並非法律行為或準法律行為。

❹ 孫著，頁 114；林著，頁 237；鄭著，頁 100。

❺ 鄭著，頁 101；林著，頁 237；邱著，頁 87。

如主動為鄰人拜拜或為朋友薦言並支出費用之情形。❻

　　管理事務之行為，不論其管理之方法是否有利於本人、是否符合本人明示或可得而知的意思，均構成無因管理之法律關係。申言之，於管理有利於本人且符合本人明示或可得而知的意思時，其構成適法無因管理，管理人與本人間之關係適用第一七六條第一項之規定。於管理不利於本人或管理不符合本人明示或可得而知的意思時，其構成不適法無因管理，管理人與本人間之關係則適用第一七七條第一項之規定。

　　應強調者，管理事務之結果，無論是否達成其管理目的，或是否使本人能得到利益，均無礙無因管理法律關係之成立，事務管理之本身已符合無因管理之成立要件。❼申言之，管理結果是否得到利益，僅於不適法無因管理之情形下，於管理確實得到利益且本人願享有該管理所得利益時，依第一七七條第一項之規定，本人對於管理人所負費用償還及損害賠償之義務，以所得利益為限。於適法無因管理之情形，如管理方法符合本人利益且不違反本人意思，即便管理之結果不生利益，本人仍應對於管理人就管理人所支出費用及所受損害負有全數償還之義務。

二、他人之事務

㈠他人性要件之功能

　　民法第一七二條要求無因管理之成立，須「為他人管理事務」。除管理人主觀上須有為他人（本人）管理事務之管理意思外，解釋上應認為，客觀上管理人所管理之事務尚須是「他人事務」(fremdes Geschäft)，並非「自己事務」(eigenes Geschäft)，方能成立無因管理法律關係。如所管理事務不具備「他人性」之要件，而純粹屬自己事務者，管理人與本人間即不能成立無因

---

❻　史著，頁 58；鄭著，頁 101；孫著，頁 113；林著，頁 237。

❼　王著，頁 376；邱著，頁 88。

管理之法律關係。申言之，專屬於管理人自己事務之情形，即便管理人支出費用受有損害，本應由管理人自行承擔，無由依無因管理法律關係使他人承受之。

「他人事務」此一「他人性」(Fremdheit) 要件之功能，首先排除了就專屬自己事務成立無因管理之可能，並使管理人與本人在客觀上必須是不同的主體。❽無因管理制度本質上係在處理管理人與本人間之權利義務，如管理人所管理者為專屬於管理人自己之事務時，管理人與本人實際上即屬同一人，而無從發生權利義務，縱然管理人主觀上係認為第三人所管理，仍不應使該第三人承擔無因管理下本人之責任，如費用償還義務等。

申言之，即便民法第一七二條條文中，並未採取為他人管理「其事務」或「該他人事務」之措辭，解釋上仍應認為條文中蘊含了所管理之事務係「他人事務」之客觀要求。❾故而，如管理人所管理之事務實際上係自己事務，如誤自己的車子為他人的車子而加以修理，即便管理人主觀上認為屬他人事務且有為他人管理之意思，此時僅係學說上所謂的「幻想管理」，其並不構成無因管理，管理人與該被幻想之他人間仍不發生無因管理之法律關係。❿

德國學說上強調，他人事務要件之內涵為，事務本身係屬於或至少亦有涉及到他人之利益領域，而非專屬於管理人自身之事務者。故而，即便管理人之行為兼係執行自身之利益或義務時，只要非專屬於自身之事務，此仍不

---

❽　Schwarz/Wandt, §4 Rdnr. 6, 16.

❾　德國民法第六七七條亦僅使用為他人管理「事務」之措辭，而與德國民法第一次委員會階段草案中第二三三條、第二三八條所使用之「他人事務」(Geschäft eines Anderen) 措辭不同，Schwarz/Wandt, §4 Fn. 11. 惟德國學說上也多強調，無因管理法律關係之成立要件上，除了在主觀上要求「為他人管理事務之意思」(Fremdgeschäftsführungswille) 外，尚存在著在客體上須具備「他人性」之事務的要求。德國民法第六七七條現行法之措辭，僅係立法者放棄就客觀他人事務與主觀他人事務間進行區別，二者均具有相同的法律效果，無因管理之成立，仍須為他人事務。Schwarz/Wandt, §4 Rdnr. 6.

❿　鄭著，頁 101、118；林著，頁 237。

妨礙他人性要件之成立。惟如事務僅涉及行為人自己之權利或義務者，即便該事務之反射 (Reflex) 對於第三人亦屬有益，仍非屬他人事務。❶申言之，僅具反射利益之第三人，此並不構成他人事務之「他人」，事務仍非該他人之事務。

故而，鄰家失火，管理人為避免火苗波及到自己房屋而為該鄰家撲滅火災時，撲滅之火災所保全者為他人之財產，雖然客觀上所保全之財產中尚能涵蓋自己之財產（自己事務），管理人所管理之事務仍應認為具有他人性，而構成他人事務，而於其他要件具備時，能與該鄰人成立無因管理法律關係。反之，自宅失火，管理人撲滅自宅之火災之行為，其所保全者係自己財產，管理人主觀上主要亦係為自己管理事務，雖於此管理行為下，鄰家受有火勢不會蔓延過去之反射利益，在個案中管理人也可能兼有避免火災延燒至鄰人之管理意思，惟此時事務客觀上不具他人性，仍屬自己事務。再者，鄰家失火，管理人至鄰家撲滅火災之管理行為，解釋上至多以該鄰家及火災可能蔓延範圍之房屋所有權人、承租人、或肇事者（侵權行為賠償義務人）可成為事務本人，鄰家房屋之買受人、抵押權人解釋上僅受有反射利益，而非事務管理之本人。

故而，他人性要件之功能，除了排除專屬管理人自己事務發生無因管理法律關係外，並透過排除了僅受有反射利益之人，界定出可成為「他人」的範圍，限定了無因管理法律關係可能適用對象之範圍，而可避免無因管理法律關係之無限蔓延。最後，於個案中確定該事務管理之他人為何人時，即決定出應與管理人發生無因管理法律關係法定之債的具體對象。

---

❶　Schwarz/Wandt, §4 Rdnr. 5.

(二)客觀上他人事務

在學說上，他人事務的型態，主要區別為「客觀上他人事務」(objektiv fremdes Geschäft) 與「主觀上他人事務」(subjektiv fremdes Geschäft) 兩種[12]，兩種情形學說上均認為能成立無因管理法律關係。此外，德國學說上尚有「兼屬他人之事務」(auch-fremdes Geschäft)，即「為雙重利益之行為」(Handeln im Doppelinteresse) 此一類型。

「客觀的他人事務」係指客觀上得依事務在法律上之歸屬直接判斷出其屬於他人事務者。[13]申言之，即事務依標的與表現型態並不屬於行為人之權利範疇 (Rechtskreis)，而屬於他人者。[14]此諸如颱風前夕主動修繕他人圍牆、聽到鄰人孩童哭鬧而主動為鄰人之孩童提供午餐、救助路邊傷者、清償他人債務、處分他人之物、於道路交通上偏離駕駛來避免傷害孩童等。

事務屬於他人抑或自己之事務領域，在個案中有時難以判定。對於是否屬於他人事務之定性與界定上，學說上強調，首先應以法律中所規定之利益及負擔分配之規則為斷，即應探究在相關法律中所蘊含之內涵，而推導出究竟誰有權限進行該行為之規則來決定之，如民法中關於所有權、使用權、父母對於子女權利行使及義務負擔之規定等。若行為人所進行之事務係在該他人之權限內時，即屬他人事務。[15]

故而，出租人就其所有之出租物進行修繕時，其與承租人間並不構成無因管理法律關係，蓋物之所有權人就其所有之物進行維護本屬其權限，且出租人依第四二三條之規定，本應提供合於使用之租賃物，出租人之修繕屬於

---

[12]　史著，頁 60；王著，頁 376 以下；林著，頁 237 以下；孫著，頁 114。學說上認為，基於第一七二條條文中「為他人管理事務」之用語，成立無因管理之情形，除客觀的他人事務外，亦涵蓋了「中性事務」中「主觀的他人事務」之情形。

[13]　王著，頁 376。

[14]　Schwarz/Wandt, §4 Rdnr. 7.

[15]　Schwarz/Wandt, §4 Rdnr. 8.

出租人自己之事務，即便承租人因此受有利益，僅是在法律上不重要的反射；而同時在相關法規中，亦未見將該修繕事務歸屬於承租人之法律價值判斷。❶

反之，第三人為債務人清償其對於債權人之債務時，基於債務人與債權人間的債之關係，僅債務人負有償還債務之義務，第三人之清償即構成他人事務之管理。❷

第一七三條規定，管理人開始管理時，應即通知本人及俟本人之指示。❸有認為管理人所處理事務，須是該他人（本人）可隨時接手，並排斥該不負有義務之管理人者，該事務方屬他人事務，即就客觀的他人性進行限縮。惟學說上認為此一見解並不足採，蓋其混淆了無因管理之成立要件與效果。❹

倘若契約上另外約定當事人一方就特定行為負有義務者，該契約之約定亦應納入考量，而構成他人事務之基礎，此諸如租賃契約中約定一方有草皮維護義務。❺又例如，債務人所積欠餐廳的餐飲費用，依債務人與餐廳間之契約約定，本應由債務人負清償之義務，如第三人逕代為清償，係履行了債務人之義務，對於第三人而言，此係屬他人事務。❻

事務是否屬於「他人」之事務，亦可能發生公法法律關係下之認定，與當事人契約之另行約定，在安排上發生衝突。如土地法規定，由出賣人負擔土地增值稅的繳納❼，然買受人與出賣人另外約定應由買受人繳納，如買受人未繳納而由出賣人繳納時，此時出賣人的繳納行為是否構成無因管理？學

---

❶　德國學說上之討論，Schwarz/Wandt, §4 Rdnr. 10.

❷　德國學說上之討論，Schwarz/Wandt, §4 Rdnr. 11.

❸　與此相對應之規定，德國民法規定在第六八一條。

❹　Schwarz/Wandt, §4 Rdnr. 14.

❺　Schwarz/Wandt, §4 Rdnr. 9.

❻　Schwarz/Wandt, §4 Rdnr. 11.

❼　土地法第一八二條：「土地所有權之移轉為絕賣者，其增值稅向出賣人徵收之，如為繼承或贈與者，其增值稅向繼承人或受贈人徵收之。」

說上有認為在出賣人具有管理意思時，仍能成立無因管理❷，其前提似認為可因當事人契約另有約定而將公法上自己事務定性成民法下的他人事務。學說上亦有認為仍得解為出賣人係為買受人履行特約所生之契約義務，有對買受人成立無因管理之可能，且即便買受人明示拒絕繳納而出賣人仍為其繳納時，依第一七四條第二項係屬於為本人盡公益上義務之情形，而依第一七六條第二項仍能構成適法無因管理。❷

　　申言之，此時即生是否因此等私法上約定之存在，而在解釋上將公法上本屬出賣人自己義務轉換成在私法上屬於他人事務之問題。本書認為，透過此等契約當事人間約定，在契約當事人間即屬買受人之事務，在處理出賣人與買受人間的法律關係時，出賣人即得對於買受人主張在民法上屬於他人（買受人）事務，事務之處理具他人性，出賣人繳交稅捐即非專屬於出賣人之自己事務，而於其他要件具備時，仍得與買受人（本人）間成立無因管理法律關係。亦即，買受人不得反於前揭債法上約定而主張繳納稅款係專屬於出賣人自己事務而不構成無因管理。然在處理出賣人與國家間之關係時，即便出賣人與買受人間就租稅負擔有特別約定，此時仍應以公法關係為準，而無法認為屬於買受人之義務。

(三)中性事務與主觀上他人事務

　　如事務客觀上並不歸屬於其他人之權利範疇時，此時即為「客觀上中性事務」(objektiv neutrales Geschäft) 或「自己事務」(eigenes Geschäft)。典型之情形，為法律行為之締結，特別是負擔行為，蓋契約之締結本可歸屬到任何人之下，而無法依客觀之標準歸屬給特定之人。然於客觀上中性事務之情形，在管理人具有「為他人管理事務之意思」(Fremdgeschäftsführungswille) 時，其可因具有他人性，即成為所謂「主觀上他人事務」(subjektiv fremdes

---

❷　王澤鑑，《不當得利》，增訂版，2009 年，頁 312。

❷　林著，頁 237 以下。

Geschäft)，而能成立無因管理法律關係。㉕我國學者並有強調，由於第一七二條係使用「為他人管理事務」之用語，所管理之事務不以性質上屬於客觀上他人事務為限，亦能包含中性事務中構成主觀上他人事務之情形。㉖

　　德國學說上有援引德國民法立法理由強調，在要件上，除一方面管理人須有為他人之利益進行管理之意思外，另一方面管理人須以可辨識出(erkennbar)之方式對外表達出此等意思，方能使中性事務成為主觀的他人事務，僅單純內在意思則不屬之。如管理人為蒐集郵票之友人購買其所欲蒐集之郵票，管理人之為他人管理意思，須於購買時表達係以友人之名義行之，或對於出賣人以其他方式表達其購買目的係為友人所購買者。㉗我國學說上則認為，於法律行為時是否以本人名義為之，或於管理之始是否將管理意思表示於外部，均非所問，管理意思無須表示，而僅存在於內部。㉘解釋上應認為，在中性事務之情形，如管理人確實有管理意思，即便未對外表達出此等管理意思，仍能使中性事務成為主觀的他人事務，使無因管理之成立要件因而充足，而發生無因管理法律關係；且在客觀他人事務之情形的解釋上亦未要求須將管理意思表示於外部，故並無理由在主觀的他人事務上為不同之解釋。

　　申言之，於事務在性質上不當然與特定人有結合關係，客觀上無法逕依事務在法律上之歸屬來辨識出其是否為他人事務之中性事務情形，如管理人之意思係為他人，即成為主觀的他人事務㉙，管理行為能成立無因管理法律關係。如颱風前夕購買鐵釘之行為，如管理人係基於為他人修繕圍牆之意思而為他人購買鐵釘時，此時該購買行為將構成他人事務，而能成立無因管理

㉕　Schwarz/Wandt, §4 Rdnr. 12.

㉖　鄭著，頁 101。

㉗　Schwarz/Wandt, §4 Rdnr. 12.

㉘　鄭著，頁 101 以下；邱著，頁 87。

㉙　鄭著，頁 101；梅著，頁 127。

之法律關係。

於客觀上無法辨識出所進行之管理行為是否為管理他人事務之中性事務的情形，如管理人欲依無因管理之法律關係來主張權利時，管理人須舉證其具有管理意思。❸因此，管理意思在無因管理之體系中具有雙重功能，一方面其獨立作為無因管理之主觀成立要件，另一方面亦在無因管理之客觀成立要件中發揮作用，於事務管理屬於中性事務之情形下，管理人如具有管理意思時，將賦予該中性事務他人性而成為主觀的他人事務，性質因之被定性成他人事務。故而，即便所管理之事務不屬客觀的他人事務，如管理人係出於管理意思進行中性事務時，此時仍能成立無因管理法律關係。

㈣兼屬他人之事務

在德國學說上，尚有「兼屬他人之事務」(auch-fremdes Geschäft) 或「為雙重利益之行為」此一態樣。兼屬他人之事務係指管理人所進行之事務，同時可兼具他人之事務與自己之事務雙重性質，即管理人於雙重利益下所為之行為。由於無因管理規範下「他人事務」之要求，非專屬於自己事務之範疇已足，故而管理人所管理之事務，無須是專屬於他人事務，其同時兼屬自己之事務時，亦能該當他人事務要求，而不阻卻無因管理法律關係之成立。❸

㈤本人之確定

第一七二條條文中，導出所管理之事務係他人事務之客觀要求，使他人（本人）與管理人屬於不同的主體。此一他人性之要求，在強調區別他人事務與自己事務，從而排除了就自己事務之管理成立無因管理法律關係之可能。

其次，確定事務係屬他人事務後，則應進一步確定何一他人可作為「本人」。申言之，他人事務中之「他人性」除決定無因管理法律關係發生與否

---

❸　鄭著，頁 101 以下。此外，學說上強調，主觀上是否有管理意思，仍應以具體行為客觀方法證明之，中性事務是否能成為他人事務，在實務上係舉證問題。林著，頁 238；孫著，頁 114。

❸　Schwarz/Wandt, §4 Rdnr. 13. 邱著，頁 88。

外，亦會決定無因管理法律關係之相對人。學說上強調，在確定何人係管理人事務管理之本人時，應區別事務係屬客觀上他人事務或主觀上他人事務而定。㉜

　　於判斷誰為「客觀上他人事務」之本人上，一如前揭判斷是否為客觀上他人事務之標準，係依法律或契約上利益及負擔分配之規則，對於管理人所管理事務之進行具有權限之人。且如僅具間接的關係時，仍無法充足此一要求。再者，如所完成的自身事務對於他人而言，僅係間接造成反射利益(Reflexvorteil) 之效果時，亦非處理他人事務，反射利益仍非對於受益者之事務的進行。㉝此諸如管理人 A 於颱風天前夕主動修理鄰居甲之農場圍牆，以避免農場中之牛隻跑出來，並產生修繕費用。A 所修繕者為甲之圍牆，另一鄰人乙即便受有其穀倉不會被甲跑出之牛隻可能撞壞之利益，形式上似涉及乙之事務而為他人事務，然對乙而言，此等穀倉免於被撞壞之利益僅屬反射利益，修繕甲之圍牆所涉者仍不屬於乙之事務，應屬於甲之事務，甲方為事務管理之本人，A 與乙之間仍不成立無因管理之法律關係。

　　此外，管理人就客觀上他人事務進行管理時，主觀上可能對於本人之認識發生錯誤，即管理人誤一他人事務為另一他人事務之情形，如管理人 A「誤信」甲之事務為乙之事務，亦即管理人 A「幻想」為乙管理，實際上所管理者為甲之事務。此有別於下述管理人誤他人事務為自己事務而進行管理之「誤信管理」的情形，亦有別於管理人誤自己事務為他人事務而進行管理之「幻想管理」的情形。

　　學說上強調，即便管理人主觀上對於本人之認識發生錯誤時，本人之確定仍係以法律或契約上利益及負擔分配之規則為斷，無因管理法律關係仍在

㉜　Schwarz/Wandt, §4 Rdnr. 16.

㉝　Schwarz/Wandt, §4 Rdnr. 17. 我國學說上有強調，在本人之確定上，應以利益之客觀歸屬狀態認定之。黃茂榮著，頁 385 以下。

真正的本人與管理人間發生，而非在管理人所認識之本人與管理人間發生。[34]
申言之，本人資格的判斷，係以事務在法律或契約關係上之客觀上歸屬決定。
故而，管理人主觀上對於本人之認識錯誤，不影響事務之他人性，亦不影響
客觀上本人之判斷，無因管理關係發生之對象仍以客觀上本人為準。此諸如，
管理人 A 於颱風天前夕主動修理鄰居甲圍牆，管理人誤其所修繕之圍牆為乙
所有之情形，管理人 A 所修繕鄰居之圍牆為客觀他人事務，依圍牆所有權之
客觀歸屬，乃所有權人甲之事務，乙並非無因管理法律關係之本人，於其他
無因管理發生之要件具備時，管理人 A 仍能與甲發生無因管理法律關係。

　　其他管理人就事務之本人發生錯誤之情形，如在管理人誤他人事務為自
己事務而進行管理之「誤信管理」的情形，仍以事務在法律或契約上之客觀
上歸屬決定本人，不受管理人主觀上之誤信而影響事務之他人性，故事務仍
屬他人事務，而非管理人自己事務，仍應繼續就無因管理法律關係之其他要
件進行檢視。[35] 又如，在管理人誤自己事務為他人事務而進行管理之「幻想
管理」的情形，因須以事務客觀上歸屬來決定本人，而非管理人主觀的意思，
故事務仍屬管理人自己之事務，而不符合無因管理之事務須具有他人性之要
求。

　　一如判斷事務是否屬於他人事務之情形，在確定何人為無因管理之本人

---

[34] Schwarz/Wandt, 4. Aufl., München: Vahlen, 2011, §4 Rdnr. 18 a. 德國民法第六八六條有闡明
　　管理人對於本人之人發生錯誤之情形，真正的本人仍然享有權利、發生義務。申言之，即
　　管理人與真正的本人間仍發生無因管理法律關係，亦即，真正的本人仍為無因管理法律關
　　係之本人。我國學說上，同樣強調於客觀他人事務時，對於本人是誰並無認識的必要，縱
　　對本人有誤認，只要有管理意思，仍不妨就真實的本人成立無因管理者。史著，頁 61；
　　梅著，頁 127；鄭著，頁 103；王著，頁 378；孫著，頁 116；黃立著，頁 182；林著，頁
　　239；邱著，頁 88。

[35] 於誤信管理下，事務客觀上雖為他人事務，但於此情形下，管理人係肇因於對於此等事務
　　所歸屬之主體認識之動機錯誤，而為自己之利益進行管理，管理人並不具為他人管理之意
　　思，管理人與該他人（本人）間仍不成立無因管理之法律關係。

時，倘契約當事人間約定一方負有進行事務之義務，此亦能使負有該契約義務之一方，於契約外第三人（管理人）就該事務進行管理行為時，成為事務管理之本人。惟為避免無因管理關係之氾濫，學說上並強調，所約定契約義務之內容，須是負有一定行為或進行事務之義務，方能使負有義務之一方於管理人進行該行為時成為本人，而與管理人發生無因管理之法律關係。如契約當事人間僅就事務處理之費用負擔進行約定時，因此等費用負擔之契約義務與事務處理間僅有間接關係，負擔費用義務之一方，於管理人就該事務進行管理時仍非本人。如房屋租賃契約之當事人僅約定，承租人須負擔樓梯清潔之費用，此時並非約定承租人負有清潔樓梯義務之情形，故而，當管理人進行樓梯清潔之事務時，負有負擔費用義務之承租人並非本人，無因管理之本人仍為出租人，即房屋所有權人。❸❻

　　此外，契約當事人間就事務安排進行約定，固然可使負契約義務之一方成為本人，但於契約他方仍被管理人（第三人）視為本人時，前揭契約協議並不會排除該契約他方原本擁有之本人資格，契約協議對於第三人並不產生效力。蓋管理人並未參與契約當事人間契約上之事務安排，在債之相對性原則下，契約當事人間內部約定，不應對於契約外第三人產生拘束之效果。申言之，契約當事人間事務安排之協議，並不會使負有契約義務之一方，即成為無因管理關係下唯一、排他的本人，此等協議並不妨礙契約之他方本所具有之本人資格。故而，管理人固得主張負有契約義務之一方為事務管理之本人，惟管理人亦得主張根據法律利益及負擔分配之規則，來認定事務管理之本人仍為不負有契約義務之他方，而不受契約當事人間約定之拘束。故而，即便所有權人（出租人）與承租人之租賃契約約定，屋瓦應由承租人維修時，如管理人主動更換有掉落之虞的屋瓦，管理人固得主張於租賃契約下屋瓦之維護屬承租人之事務，承租人為本人；管理人亦得主張，由於屋瓦屬於房屋

---

❸❻　Schwarz/Wandt, §4 Rdnr. 20.

所有權人（出租人），本人仍為出租人。❸

　　而於判斷孰為主觀上他人事務之本人時，管理人的管理意思除能使中性事務脫離自己事務範疇而成為主觀上他人事務外，並能因此確定出孰為事務管理的本人。❸ 此諸如管理人無權代理蒐集葡萄酒之友人甲購買葡萄酒之情形，其購買行為表明係為甲而非為自己購買時，即得確定購買行為並非自己事務，且事務管理行為之本人為友人甲。

　　學說上有強調，在主觀上他人事務上，並不會發生管理人對於本人認識錯誤，管理人須對於實際上之本人發生無因管理法律關係之情形。蓋中性事務係因管理人之意思而成為主觀上他人事務，管理人主觀上管理意思所認識的本人即成為該主觀事務之本人，二者始終一致。於此情形，由於並不存在著客觀上他人事務，所以並不發生實際上之本人與管理人主觀上認識之本人不一致的情形。❸

　　惟在概念上可想像，在主觀上他人事務之情形，仍有可能發生管理人進行管理時依其管理意思所認識之本人，與實際上須經由管理人之管理意思而成為本人之人間，有不一致之錯誤情形。此例如，管理人 A 為好友甲購買其一直蒐集不到的特定棒球卡之情形，甚至在購買時向出賣人表達係為甲管理之意思，然管理人購買後才發現記錯了，需要該張棒球卡之友人係乙，甲不缺該張棒球卡。購買棒球卡係屬中性事務，其無法歸屬給特定人，而可能屬於任何人之事務，須透過管理人之管理意思，方能成為他人事務。如此時仍拘泥於管理人管理時之管理意思，並認為主觀上他人事務下並不會發生管理人對於本人認識錯誤之情形，在前揭例中則將造成：不缺該張棒球卡之甲，將因管理人 A 購買棒球卡之行為（中性事務）透過管理人 A 出於為甲管理之

❸　Schwarz/Wandt, §4 Rdnr. 20.

❸　Schwarz/Wandt, §4 Rdnr. 21.

❸　Schwarz/Wandt, §4 Rdnr. 22.

意思，使購買棒球卡行為成為主觀上他人事務，使甲成為該事務之本人，A
與甲間發生無因管理法律關係，而不是 A 與乙發生無因管理法律關係。

　　申言之，無論是客觀上或主觀上他人事務，均有可能發生管理人對於本
人認識錯誤情形，與所處理事務之本質並無關連，在解釋上均應為相同處理，
使真正的本人能與管理人發生無因管理法律關係，而非被誤信、幻想管理之
人與管理人間發生無因管理之法律關係。故而，解釋上應認為，管理人 A 之
管理意思，係針對有此棒球卡需求之友人管理，即為乙管理，並使購買棒球
卡行為此一中性事務成為主觀上他人事務，即乙之事務，乙成為該事務之本
人。即便管理時對於有此需求之友人認識錯誤，管理人 A 購買棒球卡行為所
產生之無因管理法律關係，仍在管理人與有棒球卡需求之友人乙間發生，管
理人與無此需求之甲間並不發生無因管理之法律關係。

㈥道路交通上自我犧牲行為之他人性

　　如前所述，駕駛人在道路交通上之自我犧牲行為 (Selbstaufopferung im
Straßenverkehr)，諸如駕駛人為閃避突然衝到道路上之人或逆向駕駛之人，而
選擇扭轉方向盤撞上路肩護欄，駕駛人因此受有損害及支出費用之情形。突
然衝到道路上之人或逆向駕駛之人，造成正常駕駛人為閃避而受有損害之情
形，於有故意或過失且有因果關係時，本應負侵權行為損害賠償之責任，正
常駕駛人與前揭之人間的利害關係將能加以調和。

　　然此等行為人往往在個案中無識別能力，如無識別能力而衝到道路上之
小朋友，或因為不可抗力並無過失而被推擠到道路上之成人，或暫時失去識
別能力，如癲癇發作致逆向駕駛之人，而其對於正常駕駛之人不負賠償責任，
致正常駕駛人將無法依侵權行為之規定向其求償之情形。即正常駕駛之人所
受有之損害，將無法透過侵權行為規範來加以填補，倘若無其他規範或制度
來填補此一損害，將造成駕駛人須自行承受此等損害之結果。故而，學說上
強調，特別是當無法基於其他規定，來使本人（他人）對於駕駛人所受之損
害負責時，如能援引無因管理法律關係來使本人對於駕駛人負責，將對於該

受有損害之駕駛人有重大實益。❹

　　惟應強調者，對於不負侵權責任之人，如前揭不負識別能力或無過失之情形，如於個案中可援引無因管理之規定令其對管理人負責，將使侵權行為規範之過失要件、識別能力之要求被掏空，造成規範間之衝突。此時適用無因管理規範的正當基礎究竟何在，還有進一步討論之空間。❹蓋即便碰撞事件直接發生，即駕駛人被動不採取自我犧牲之閃避行為，而與無識別能力衝到道路上的小朋友或癲癇發作之逆向駕駛人發生碰撞時，小朋友或逆向駕駛之人對於正常之駕駛人尚無須負侵權行為損害賠償責任；然於駕駛人主動採取自我犧牲之閃避行為而不發生碰撞時，小朋友或逆向駕駛人卻須對於該駕駛人負無因管理之損害賠償責任（第一七六條第一項）。即因管理人單方閃避之事實行為，將使小朋友或癲癇發作駕駛人從不須負責之狀態變成因此須負無因管理之賠償責任，是否符合事理之平，頗值討論。

　　可正當化此一適用無因管理規範之結果，其理由在於，只要正常駕駛人並不構成過失，法律本不要求駕駛人有自我犧牲來避免碰撞義務，在正常駕駛人被動不採取自我犧牲之閃避行為時，雙方都會受有損害，小朋友或癲癇發作之逆向駕駛人固不須對於駕駛人負賠償責任，可是其自身卻仍會因碰撞而受有損害；然因駕駛人本無過失，雖其不閃避同樣亦無須負賠償責任，小朋友或癲癇發作之逆向駕駛人實際上即須自我承擔此等損害，最後結果是，事故雙方都受有損害，且各自承擔所受之損害，任何一方均無法對他方求償。而在駕駛人主動採取自我犧牲之閃避行為時，其小朋友或癲癇發作之逆向駕

---

❹　德國實務上於無法基於其他規定，來使他人對於駕駛人之自我犧牲行為所受損害負責時，法院實務將會尋求依無因管理法律關係，來處理駕駛人與因之免於損害之他人間的法律關係。Schwarz/Wandt, §8 Rdnr. 15.

❹　德國民法中對於為未滿十歲的未成年人於道路上之過失侵權責任，有特別的排除規定（第八二八條第二項）。我國學者間亦有對於依管理人在交通上之自我犧牲行為之原則，來令未滿十歲之人負無因管理之責任的檢討。黃立著，頁191。

駛人卻能免於碰撞而未受損害，如僅令自我犧牲之駕駛人須單獨承受其所受損害，將有失公允。故使原本應受損害而未受損害之人，對於駕駛人之自我犧牲行為依無因管理負賠償責任，亦即此時僅有駕駛人一方受有損害，但損害得以被填補，他方僅須負無因管理之賠償責任來換取無庸親身受到交通事故損害之利益，仍屬公允。

　　故而，道路交通上之自我犧牲行為，駕駛人與因此免於受有損害或因此減輕損害之他人間，能夠成立無因管理法律關係之前提，必須是駕駛人即便不採取閃避行為而對他人造成損害時，亦不會構成侵權行為，即對於所欲避免的事故本無須負損害賠償義務者。❷申言之，即駕駛人須能依第一九一條之二但書規定，證明其已盡相當注意為前提。❸蓋一方面如自我犧牲行為之駕駛人若不採取閃避行為即本應對本人負侵權行為賠償義務，並應承擔自身所受之損害，卻又因閃避而可透過無因管理規範反過來就自身所受損害向本人求償，將造成規範間之衝突。另一方面，如果駕駛人不採取閃避行為將對於他人負有侵權行為損害賠償責任時，其在道路交通上採取閃避之自我犧牲行為，僅係為避免其原本應對於他人發生之損害賠償義務，此時駕駛人透過自我犧牲行為所管理者仍係專屬自己之事務❹，並非他人事務❺，與他人間不成立無因管理法律關係。❻即駕駛人倘未閃避時本應負侵權行為賠償責任

---

❷　Schwarz/Wandt, §8 Rdnr. 18.

❸　參見本書「第三章、三、㈠」之說明。

❹　於駕駛人倘未閃避時本應負侵權行為賠償責任之情形下，他人雖因駕駛人之閃避行為免於被撞擊的命運，惟此僅係駕駛人為防止其賠償責任發生下所受有之反射利益，駕駛人因自我犧牲所管理者，不僅無涉他人事務，亦非兼為他人事務，而仍專屬於自己事務。

❺　學說上亦有強調，如交通危險是駕駛人所引起者，駕駛人之閃避係在防止自己侵權責任的發生或損害之擴大，而非為路人管理事務，駕駛人應自己負擔閃避引起之損害。此一見解似認為，於駕駛人不閃避時將發生侵權行為損害賠償責任，故駕駛人之閃避非管理他人之事務，而不構成無因管理。黃茂榮著，頁 382。

❻　Schwarz/Wandt, §8 Rdnr. 16.

之情形下，因駕駛人自我犧牲行為所管理者係專屬管理人自己事務，管理人縱有使他人免於碰撞或減輕損害之管理意思，仍只是幻想管理，與他人並不成立無因管理法律關係，駕駛人仍應自行承擔所受之損害。

反之，如駕駛人對於其不採取閃避時所發生之事故無須負賠償責任時，則可認為其選擇透過閃避而自我犧牲之行為所管理者，屬於客觀他人之事務，蓋駕駛人此時閃避之行為，係為防止他人受有損害，而維護他人之利益。此時，因事務屬客觀他人之事務，駕駛人之自我犧牲行為被推定有管理意思。❹ 此外，在駕駛人不採取閃避時所發生之事故對於他人無須負賠償責任之情形，亦可能是「兼為他人事務」之情形。此諸如兩車相撞，當不採取閃避之直接碰撞對於駕駛人所造成之損害（如車頭全毀），明顯會大於閃避之自我犧牲行為所造成之損害（如車頭半毀）時，駕駛人選擇閃避行為，一方面使他人免於被碰撞，而屬他人事務；另一方面駕駛人因自我犧牲行為而減少自身之損害，涉及自己之利益，亦屬自己事務。惟於人車相撞之情形，如選擇不採取閃避之直接碰撞對於管理人所造成之損害（如車頭輕微凹傷），明顯會小於閃避之自我犧牲行為所造成之損害（如車頭半毀）時，駕駛人之閃避行為雖使他人免於被碰撞，但卻因自我犧牲行為所受損害較大，此對於駕駛人並不生利益，僅他人可因免於碰撞而受有利益，此時乃純屬他人事務。

惟應強調者，如駕駛人在不採取自我犧牲行為時本無須對他人負責，而在駕駛人採取之自我犧牲行為後，他人之損害並未成功地被避免或減輕，此時無因管理雖未達到管理目的，解釋上無因管理法律關係已經發生，駕駛人仍可依無因管理法律關係，向該他人求償。蓋如前所述，無因管理法律關係之構成，並不以本人最後可享有管理之利益為前提。

---

❹　Schwarz/Wandt, §8 Rdnr. 17. 關於客觀他人事務下之管理意思，參見「第六章」之說明。我國學說上肯定在駕駛人無過失時，駕駛人有為他人管理之意思者，王著，頁381。學說上亦有認為屬於兼有為自己與他人管理事務之意思者，林著，頁240。

　　此外，自我犧牲行為適用無因管理之前提，亦須是駕駛人在不採取自我犧牲行為時本人必然發生損害之情形，自我犧牲所管理之事務方為他人之事務。如駕駛人不採取自我犧牲行為時亦必不會發生損害，解釋上仍無涉他人事務，不適用無因管理。申言之，倘客觀上駕駛人應可判斷出不可能發生交通事故時，諸如駕駛人客觀上應可預計他人將順利離開駕駛路線或可順利繞過或煞車時，此時駕駛人本應可順利繼續行進或進行無需自我犧牲之閃避，即便駕駛人因太緊張，誤判將發生事故而採取無謂的「誤想自我犧牲」時，其實際所採取之自我犧牲行為仍不屬於他人事務，駕駛人即便有管理意思，此時仍屬幻想管理，而與本人不發生無因管理法律關係。惟駕駛人在道路交通上對於交通情事的判斷時間往往在瞬息之間，解釋上仍不宜對於管理人太苛，有事實可使駕駛人足認將發生事故而須採取自我犧牲之行為時，仍可成立無因管理法律關係。

　　故而，管理人採取道路交通上之自我犧牲行為有無因管理規範適用之前提，除管理人若不採取閃避時對於所發生之事故本無須對本人（他人）負賠償責任外，尚須是如管理人不為自我犧牲之閃避時，本人必然發生損害；惟採取自我犧牲之閃避後，本人損害依舊發生者，仍有無因管理規範之適用。又如前所述，如管理人已可根據損害賠償規範向本人求償時，例如本人有過失或有識別能力而構成侵權行為之情形，此時即排斥管理人依無因管理規範向本人求償之適用。

　　若駕駛人為他人之自我犧牲行為，另外對於第三人造成損害，如撞壞路旁住家的圍牆或盆栽時，駕駛人在個案中將可能依緊急避難之規定（第一五〇條），免除對於第三人之賠償責任。學說上有強調，駕駛人對於第三人倘無法依緊急避難之規定來免責而負有賠償義務時，此時駕駛人賠償第三人之費用，應論以非管理之必要，仍不得依無因管理之規定向本人求償。❹惟應強

<hr />

❹　黃茂榮著，頁 381 註 36。

調者，此一情形僅於駕駛人不符合第一五〇條第一項但書之必要性要求而須對第三人賠償時，方須討論駕駛人對賠償第三人費用是否在向本人（他人）求償之範圍內。如為第一五〇條第二項駕駛人對於危險之發生有責任之情形，如前所述，駕駛人自我犧牲所管理之事務為駕駛人之自己事務，駕駛人與該他人間根本不發生無因管理法律關係，無庸討論其對第三人所為之賠償是否可向該他人求償。

第06章
無因管理債之關係的成立要件(三)：
管理人為管理他人事務之意思

一、管理意思及其內涵

第一七二條規定，管理人須「為」「他人」管理事務，即管理人須有為他人（本人）管理之意思。此一管理人之管理意思為無因管理成立之主觀要件，可自體系解釋第一七七條第二項準用第一項之規範導出，而與前揭其他客觀要件有別。蓋第一七七條第二項明知為他人之事務而為自己之利益管理時，正因其欠缺管理意思而不符合無因管理規範之適用前提，方於一九九九年修法增訂第一七七條第二項準用規範，來創設適用第一七七條第一項不適法無因管理規定之效果。

學說上強調，在為他人管理事務之要求下，管理人必須明知其所管理者為他人事務，且欲處理他人事務，並必須有將管理之結果歸屬給本人之意思。因此，管理意思被認為有兩個內涵：「管理他人事務之意識」(Fremdgeschäftsführungsbewusstsein) 及狹義的「終局管理他人事務之意思」(finale Fremdgeschäftsführungswille i.e.S.)。❶

「管理他人事務之意識」係指管理人須知悉其所管理之事務係屬他人事務，此又被稱為知悉之要素 (kognitives Element)。狹義的「終局管理他人事務之意思」係指，管理人行為時須有為本人利益而進行行為之意思。申言之，

---

❶ Schwarz/Wandt, §4 Rdnr. 24. 我國學說上亦強調，「為他人」管理事務，指管理人認識其所管理之事務係他人事務，並欲使管理事務事實上所生的利益歸屬於該他人。參見，史著，頁 61；鄭著，頁 102；王著，頁 377；孫著，頁 116；林著，頁 239。

其必須有欲將該事務作為他人事務來加以處理之意思，此又被稱為終局或自願之要素 (finales oder voluntatives Element)。❷ 學說上並強調，此等管理意思無須為表示。❸

　　管理人主觀上是否具有管理意思，與管理人主觀上是否知悉所管理之事務客觀上係屬他人事務，係屬不同概念。管理人明知所管理之事務係屬他人事務，且具管理意思時，將能成立無因管理法律關係。管理人明知所管理之事務係屬他人事務，仍可能不具管理意思來進行管理，即不法管理之情形，管理人主觀上係出於為自己利益而進行管理。管理人不知所管理之事務係屬他人事務，如出於錯誤或過失而不知之情形，將不可能對於所管理之事務具有管理意思，管理人主觀上必然係出於為自己利益而進行管理，如誤信管理之情形。

■、管理意思之功能

　　管理人主觀上即便明知所管理之事務客觀上屬他人之事務，如管理人主觀上不具管理意思時，仍排除了管理人與該他人（本人）發生無因管理法律關係的可能。❹ 一如客觀要件中，他人事務要件之功能係在排除性質上不屬於他人事務、專屬自己事務之情形成立無因管理，管理意思此一主觀要件之功能，亦係在排除無為他人管理而專為自己管理之意思的情形成立無因管理。

　　如前所述，管理人所進行之事務，可客觀上同時兼具他人事務與自己事務之雙重性質，兼具自己事務性質時並不阻卻他人事務之客觀要件之成立。在為他人管理事務此一主觀要件上，學說上亦肯定為他人管理之意思可以與

---

❷　Schwarz/Wandt, §4 Rdnr. 24.

❸　史著，頁 60；孫著，頁 116；邱著，頁 88；黃茂榮著，頁 376。

❹　由於無因管理之制度目的，在獎勵人類之義舉，因而對於管理人有無行此義舉之意思，自不能不予過問，而要求須有管理意思方能成立無因管理法律關係，賦予其管理人之地位保護之。鄭著，頁 103。

為自己管理之意思並存。❺申言之，為他人管理事務之意思無須是專為他人，一方面為自己管理且另一方面兼有為他人管理之雙重意思情形，並不妨礙為他人管理意思之成立，仍能符合為他人管理事務要件之法定要求，故而管理意思之要件僅排除專為自己管理意思之情形成立無因管理。此例如，管理人撲滅來自公有森林地之火苗，一方面既有避免大火蔓延至自己房屋之意思，另一方面亦有避免大火蔓延至鄰居房屋之意思，管理人兼有為自己及他人之事務進行管理的意思，仍符合為他人管理事務此一管理意思要件。

管理人管理他人事務之行為，如因主觀上欠缺為他人管理意思而不構成無因管理時，該客觀管理行為將無法被阻卻其違法性❻，而管理人之管理、干涉他人事務係出於故意（如下述不法管理之情形）或過失（如下述誤信管理之情形），致侵害他人權利並造成損害時，仍構成侵權行為。因此，管理人是否主觀上具有為他人管理意思，成為客觀管理行為是否有機會阻卻違法或構成侵權行為之重要關鍵。❼

三、欠缺管理意思之情形

專為自己管理而無為他人管理之意思的情形，即因不具備管理意思而不成立無因管理。欠缺管理意思而被排除發生無因管理之類型，主要如「誤信管理」與「不法管理」之情形。

---

❺　史著，頁 60；鄭著，頁 103；王著，頁 377；孫著，頁 116 以下；邱著，頁 88。

❻　惟管理人之管理行為具有為他人管理意思而能構成無因管理時，如管理事務不利於本人或違反本人明示或可得推知的意思時，仍屬不適法無因管理。如第一章所述，不適法無因管理被認為不阻卻管理事務的違法性。申言之，構成無因管理之管理行為，即便管理人主觀上具有管理意思，仍有可能因屬不適法無因管理而無法阻卻違法。構成無因管理之管理行為，尚須符合本人之意思與利益，方能構成適法無因管理而得阻卻違法。

❼　管理意思為無因管理之所以得以阻卻違法之主觀因素。邱著，頁 88。學說上亦有強調，欠缺管理意思之管理行為仍將構成侵權行為者。鄭著，頁 102。

　　在誤信管理之情形，管理人所管理之事務雖為他人事務，但管理人「誤以為係自己事務而進行管理」(irretümliche Eigengeschäftsführung)，即「臆想為係自己事務而進行管理」(vermeintliche Eigengeschäftsführung) 之情形。 ❽ 誤信他人事務為自己事務時所進行之管理，管理人係「不知」為他人之事務，欠缺管理他人事務之意識，而無管理意思❾，從而與該他人不發生無因管理法律關係。 ❿ 簡言之，誤信管理是因錯誤而不知所處理之事務為他人事務，以為係自己事務而為自己利益來加以管理，並無為他人管理之意思。

　　學說上強調，誤信管理僅可能存在於客觀他人事務，蓋在客觀中性事務上，由於本無法依客觀之標準將事務歸屬給特定之人，殊難想像主觀狀態自客觀狀態偏離之情形。 ⓫ 申言之，客觀中性事務下，並不發生誤他人事務為自己事務之誤信管理情形。以管理人購買郵票為例，在管理人購買特定郵票時，如並無為有蒐集郵票嗜好之友人甲購買意思之情形，該中性事務即成為管理人「自己事務」，並非他人事務，且同時不具管理意思，而與誤他人事務為自己事務之誤信管理在態樣上有間。即便管理人購買時發生動機錯誤，於

---

❽　同樣是管理人主觀上對於事務所屬之主體發生錯誤之情形，誤信管理在態樣上與幻想管理相反。幻想管理為管理人所管理之事務雖為自己事務，但管理人誤以為係他人事務而進行管理。管理人即便具備管理意思之主觀要件，然因欠缺他人事務之客觀要件，而與被幻想的本人間不構成無因管理法律關係。

❾　欠缺管理他人事務之意識，誤以為是自己事務下所進行之管理行為，當然亦欠缺將管理之結果歸屬給本人之意思，故同時亦欠缺狹義的終局管理他人事務之意思。

❿　Schwarz/Wandt, §4 Rdnr. 37. 德國民法第六八七條第一項有闡釋，如將他人之事務誤認為係屬自己之事務而進行管理時，不適用第六七七條至第六八六條之規定，即此意旨。

⓫　Schwarz/Wandt, §4 Rdnr. 37. 同樣強調僅客觀他人事務會發生誤信管理者，王著，頁 402；黃立著，頁 192 以下。此不同於前述在中性事務下，概念上管理人仍可能對於本人之身分發生錯誤，即誤甲之事務為乙之事務情形，解釋上應認為可邇對於真正之本人甲發生無因管理法律關係之情形。如管理人購買棒球卡時，誤為乙購買特定棒球卡，實際上有需要該棒球卡者為甲。

購買郵票時誤認該郵票是自己蒐藏所缺，而非友人甲所缺，回家查證後才發現自己不缺該張郵票，係甲缺少該張郵票時，然於購買郵票之時因係為自己購買，該中性事務已成為自己事務，此種錯誤概念上仍不構成誤信管理，惟結論上與誤信管理相同，因欠缺管理意思而不構成無因管理法律關係。

　　在「不法管理」(unerlaubte Geschäftsführung) 或「僭越管理」(angemäßte Geschäftsführung) 之情形，管理人逕將他人事務作為自己事務而進行管理，儘管管理人明知其無此等權限，仍為自己之利益而管理事務。申言之，管理人雖明知並非自己事務，卻非為本人之利益進行管理行為，欠缺狹義的管理他人事務之意思。❷簡言之，不法管理是管理人明知是他人事務，仍故意將此作為自己事務而為自己利益來加以管理，而並無為他人管理之意思，此不發生無因管理之法律關係。此諸如管理人出賣他人之物，但將價金歸於自己享有之情形。

㈣、管理意思的確定

　　同樣客觀上所管理之事務為他人事務，將因管理人主觀上是否具有管理意思，而在是否能夠享有無因管理下之費用償還請求權，並於適法無因管理情形下阻卻侵權行為的違法性上，有著截然不同的結果。故而，確定管理人是否有為他人管理事務意思，乃無因管理成立要件中最關鍵的課題。

　　為他人事務管理之意思乃純粹主觀要素，如管理人未以任何可識別之方式，對外加以表達，實則難以被察覺與證明。❸在第一七二條「為他人管理事務」之法定要件中，並未要求管理之意思須以對外可識別出 (äußere Erkennbarkeit) 的方式表現於外，心中有此意思已足。德國學說上也強調，即便學說或實務上有要求於特定情狀下管理人須將管理意思表達出來，然其僅

---

❷　Schwarz/Wandt, §4 Rdnr. 42.

❸　Schwarz/Wandt, §4 Rdnr. 28.

是在訴訟上之舉證責任課題，在實體法上並無此等要求。⓮就管理意思有無的確定方式，學說上仍以事務之種類，即客觀他人事務、主觀他人事務、兼屬他人事務三種類型來加以討論。

在管理人所管理之事務屬於客觀他人事務之情形，學說上強調此時推定管理人有為他人管理之意思，而否認此一推定之人須舉出反證來加以推翻。蓋依一般生活經驗，就客觀上屬於他人事務進行管理之情形，管理人通常知悉係屬他人之事務，且為該他人之利益而管理該事務。此諸如，為度假中的鄰居更換及修補其破裂水管之情形。⓯申言之，於客觀他人事務之情形，即便管理人未曾對外表示出管理意思，仍被推定具有此等意思。⓰此外，在兼屬他人事務的情形，蓋其事務中有他人事務之本質，學說上亦同客觀他人事務之情形，推定管理人具有管理意思。⓱

就中性事務，即事務客觀上並不歸屬於其他人之權利範疇，如管理人認為因其有管理意思而成為主觀他人事務時，管理人須就該管理意思為進一步之證明。⓲申言之，依一般生活經驗通常難認為管理人係為他人利益而管理該事務，其為自己利益之情形才是經驗上的常態，管理人須進一步證明係為他人（本人）之利益而進行管理，方能依無因管理法律關係向本人求償。於

⓮　Schwarz/Wandt, §4 Rdnr. 29.

⓯　Schwarz/Wandt, §4 Rdnr. 30.

⓰　在客觀他人事務之情形，依事務之性質及管理人之行為，客觀上易認定具有管理意思。孫著，頁116；王著，頁377。亦有學說強調，在客觀他人事務之情形，管理意思易於認定，就客觀他人事務與管理人行為之關聯，往往可知其有此意思。史著，頁60。

⓱　Schwarz/Wandt, §4 Rdnr. 33. 我國學說關於兼屬他人事務時推定有管理意思者，黃茂榮著，頁377註25。

⓲　我國學說上有強調，若就主觀他人事務主張無因管理，則須有外在相當事實以資證明，如開始管理後即通知本人，或將管理所得利益交出之情形是。史著，頁60；孫著，頁116。亦有強調，在主觀他人事務，管理人就其有為他人管理事務之意思，應負舉證責任。王著，頁377；黃茂榮著，頁378。

中性事務之情形，如其他人主張無因管理成立時，本人欲依無因管理法律關係請求管理人交付因管理所受領之物時（第一七三條第二項準用第五四一條），則本人須證明管理人管理時有為本人管理之意思。

　　如前所述，中性事務不應因未將管理意思對外表示而當然排除其成為主觀他人事務之可能，管理人固有可能在管理時即將此等管理意思表達出，然管理人在個案中未必會將此等管理意思對外表示出。如管理人未曾將該管理意思表示出來，並不當然排除個案中具有管理意思之可能❶，只是在訴訟或舉證上主張其具有無因管理要件之管理意思時較為不利益，而與前揭客觀他人事務之情形有別。以管理人甲為集郵的朋友 A 購買特定郵票為例，甲購買郵票之行為因屬中性行為，如甲未能進一步證明其當初購買時有為 A 購買之意思，諸如曾向出賣人為此表示或以 A 之名義無權代理 A 為法律行為，不僅欠缺管理意思，該事務亦無法成為主觀他人事務。惟概念上可以想像，在甲購買郵票前，A 曾不斷向甲抱怨其缺少特定郵票，即便甲於購買時並未表達出此等管理意思，仍得依此等間接事實推斷出其購買行為有為甲管理之意思。❷

　　管理意思須存在於事務管理之時。❸管理行為完成後喪失管理意思者，仍不影響已發生之無因管理法律關係之權利義務。❹管理意思取決於實際上知悉他人事務及管理意願，故而管理人之管理意思不得以附停止條件或解除

---

❶　與此相對，德國學說認為在主觀他人事務之情形，單純的內在意思無法成立管理意思，尚須對外公開揭露此一意思。Schwarz/Wandt, §4 Rdnr. 32.

❷　學說上有強調，在物品購買之中性事務，本人曾表示希望購入該物，或有必要之情形，或管理人處於為本人謀利益之地位，均可為衡定其中性事務之他人性。史著，頁 60。因中性事務會成為他人事務，前提須具有管理意思，故此一見解，似寓有此等事實可為認定主觀他人事務下之管理意思的標準。

❸　Schwarz/Wandt, §4 Rdnr. 27.

❹　Schwarz/Wandt, §4 Rdnr. 25.

條件方式行之。如管理人係法人，則管理意思需取決於進行事務管理的機關成員之意思。❷

五、對於本人身分之認識發生錯誤無礙管理意思

德國學說上強調，在客觀他人事務之情形，管理人是否認識本人在所不問，管理人有為他人進行管理的意思已足。申言之，在客觀他人事務之情形下，管理意思無須具有身分之關聯性，其僅需針對所管理之事務，此即抽象的為他人管理事務之意思 (abstrakter Fremdgeschäftsführungwille)。因此，管理人對於本人之身分有誤認 (Irretumüber die Person des Geschäftsherrn)，亦不具意義，管理人仍係為真正的本人進行管理，真正的本人仍然享有權利、發生義務。❷在主觀他人事務上，因中性事務須有管理意思方能成為主觀他人事務，學說上強調，為他人管理事務之意思，尚須是針對特定人所為之管理意思，方能使該特定人成為事務之本人，使中性事務成為主觀他人事務。❷

我國學說上亦強調，無因管理雖以為他人管理事務之意思為要件，但管理人對於本人是誰，並無認識之必要，縱對於本人之身分有誤認，亦不妨就接受管理之真實本人成立無因管理。❷申言之，即便管理人主觀上對於事務所屬主體之認識發生錯誤，致管理人所認識的本人對象與真實的本人不一致，只要非前揭誤他人事務為自己事務（誤信管理）之情形，仍係出於為他人管理事務之意思，而具備管理意思。❷

---

❷　Schwarz/Wandt, §4 Rdnr. 27.

❷　Schwarz/Wandt, §4 Rdnr. 34. 德國民法第六八六條有闡明管理人對於本人發生錯誤之情形，真正的本人仍然享有權利、發生義務。申言之，管理意思之要件仍能具備，管理人與真正的本人間仍發生無因管理法律關係。

❷　Schwarz/Wandt, §4 Rdnr. 34.

❷　史著，頁 57、61；鄭著，頁 103；王著，頁 378；黃立著，頁 182；孫著，頁 116；林著，頁 239；邱著，頁 88。

此諸如颱風前夕管理人甲誤乙的欄杆為丙的欄杆，而出於為丙修繕之意思來修理欄杆。此時甲雖誤以為係為丙管理，管理人主觀上認識的本人（丙）縱然與客觀上之本人（乙）不一致，惟仍在「他人」之範疇下，甲仍為他人而非為自己管理，應認為甲仍具備為他人管理之要件，無因管理之法律關係在管理人與真正的本人（乙）間成立。解釋上亦可認為，甲係對於欄杆的所有權人進行修繕，於確定甲非專為自己而進行管理時，即符合為他人管理之要件，故而管理人對於所有權人認識之錯誤，在所不問。

此外，管理人對於本人之數量發生錯誤或漏未認識，解釋上亦不影響本人之管理意思。如甲撲滅公有地的火災，雖其主觀上係為拯救在旁 A 所有之房屋，甲並未發現在房屋旁被視線遮蔽 B 之倉庫，其亦因之免於祝融。應認為甲之撲滅火災行為，有為任何受該火災影響之人管理事務之意思，故甲對於 B 亦有管理意思，而成立無因管理。

六、特殊情形下之管理意思

(一)連帶債務人間的管理意思

於連帶債務之情形，即「真正連帶債務」之情形，如連帶債務人之一人就債務對於債權人清償,其是否對於其他連帶債務人構成無因管理法律關係?如連帶債務人 A、B、C、D 對於債權人甲負擔一千萬之連帶債務，甲向 A 求償一千萬，A 於全數償還後，即生是否得基於無因管理法律關係，分別向 B、C、D 求償其各自分擔額二百五十萬之問題。A 於給付超過其應分擔之數額時，雖對於權利人負有給付全部數額之義務（第二七二條），A 並未對於其他連帶債務人負有為其給付的義務，A 與其他連帶債務人間仍屬無契約上或法律上義務。學說上有認為，此時將可成立無因管理之法律關係❷，似認為連

---

❷　Schwarz/Wandt, §4 Rdnr. 25, 34.

❷　史著，頁 59；鄭著，頁 104。

帶債務人間有為他人管理之意思。惟另有認為連帶債務人中一人之清償，係在履行其法律上之義務，並無為他人清償之意思，仍屬欠缺管理意思，而不成立無因管理者。❷❾

　　然而肯定連帶債務人中一人之清償，而有為其他連帶債務人管理事務之意思，將造成連帶債務人間之求償關係，係適用無因管理第一七六條以下規定的結果，而此將造成連帶債務第二八一條以下既有的求償、代位及求償不能時之比例分擔規範成為具文。❸⓿ 故而，即便肯定連帶債務人中一人之清償有為他人管理之意思，仍應認為在連帶債務之情形，連帶債務之相關規範屬特別規定，不應適用無因管理之法律關係。

　　然而在「不真正連帶債務」之情形，數義務人就損害之全部均負賠償之責，如賠償義務人中之一人賠償後，是否可以基於無因管理法律關係向應單獨負終局賠償義務之人求償，同樣亦有爭議。解釋上一方面可認為，賠償義務人中之一人賠償，係在履行其法律上之賠償義務，並無為他人清償之意思，欠缺管理意思❸❶，而不成立無因管理。❸❷ 此外，即便認為先為賠償之人有為終局賠償義務之人管理的意思，由於第二一八條之一已經有讓與請求權之規定，使先負賠償義務之人得因此向應負終局賠償義務之人求償，因此無庸再循無因管理法律關係，來處理二者間之關係，且第二一八條之一本屬特別規

---

❷❾　林著，頁 241；王著，頁 380。同樣認為不成立無因管理者，黃茂榮著，頁 379 以下。

❸⓿　德國學說上亦強調，於連帶債務之情形，求償規範應優先適用連帶債務第四二六條之規定，而排除適用無因管理之規範。Schwarz/Wandt, §8 Rdnr. 11.

❸❶　當然，為他人管理之意思本可以與為自己管理之意思並存，履行自己賠償義務的意思，並不當然排除為他人管理之意思。

❸❷　德國學說上亦認為，在不真正連帶債務之情形，先為賠償之人與應負終局賠償責任之人間不適用無因管理之規範，蓋應負終局賠償責任之人的賠償責任並未因此被免除，應負終局賠償責任之人仍因德國民法第二五五條法定債權移轉之規定對於先為賠償之人負有賠償義務。先為賠償之人僅係在履行自己之債務，其仍得向應負終局賠償責任之人求償。Schwarz/Wandt, §8 Rdnr. 13.

範，故應認為排斥無因管理法律關係之適用。

㈡扶養義務人為侵權行為人之管理意思

如扶養權利人（被害人）因侵權行為人之侵害行為所發生醫療費，由扶養義務人加以支付時，即便扶養義務人對於扶養權利人有管理意思，然因扶養義務人對於扶養權利人負有扶養義務（第一一一四條），並非「並無義務」，二者間不成立無因管理之法律關係。然扶養義務人是否有為侵權行為人管理事務之意思，而與侵權行為人發生無因管理法律關係，則有爭議。此諸如甲未成年之子 A 被乙所撞傷，甲支出醫療費，甲對於乙是否成立無因管理之爭議。學說上有強調，此時乃扶養義務人盡其扶養義務，不能認為有為侵權行為人管理之意思❸，學說上亦有強調扶養義務人並無免除侵權行為人對於扶養權利人之賠償義務的意思❸，而不成立無因管理。

惟解釋上不妨認為，扶養義務人支出醫療費時，除有履行自己扶養義務之意思外，亦有兼為侵權行為人管理之意思，而成立無因管理法律關係。一方面扶養義務人在現行規範下，除扶養權利人死亡的情形可依第一九二條第一項對於侵權行為人就所支出的醫療費求償外，扶養義務人並未因為支付醫療費而依法取得向侵權行為人求償之權。由於並無扶養義務人向侵權行為人求償之規範，尚無法基於有特別之求償規範，而認為排斥無因管理法律關係之適用，且亦無法認為扶養義務人支付醫療費係取得求償權之前提而否定其

---

❸　王著，頁 379；王澤鑑，〈法定扶養義務人為被害人支出醫藥費之求償關係〉，《民法學說與判例研究㈣》，五版，1990 年，頁 171、187。

❸　黃茂榮著，頁 379 以下。即便扶養義務人已支付了醫療費，解釋上扶養權利人（被害人）仍得對侵權行為人主張侵權行為損害賠償，侵權行為人之賠償義務並不受影響，加害人不得主張損益相抵，蓋扶養義務人支付醫療費與損害賠償係不同原因事實所生。惟學說上強調，此時應依第一條法理，類推適用第二一八條之一讓與請求權之規定，使已支付了醫療費之扶養義務人可請求扶養權利人讓與其對於侵權行為人之求償權，使扶養義務人得向侵權行為人求償。

管理意思。

　　如前所述，路人救助路邊車禍被害人而支付醫療費時，路人除對被害人有管理意思外，其同時為侵權行為人管理之意思並未被否定，路人尚得與侵權行為人成立無因管理法律關係。此一情形與扶養義務人支付醫療費之情形，差別僅在於路人支付醫療費之情形，所涉者為被害人與肇事者之義務，二者均屬客觀上他人事務；而扶養義務人支付醫療費之情形則為兼屬他人事務，其同時涉及到肇事者之回復原狀義務及避免損害擴大義務，與扶養義務人自己之扶養義務。解釋上應認為，不應因事務之管理客觀上尚涉及到自己扶養義務之履行，在主觀上即認定其僅有為自己管理之意思，而當然否定兼為他人管理之意思。此外，於扶養義務人支付醫療費時，如逕否定扶養義務人為侵權行為人之管理意思及成立無因管理之可能，致減少其進行管理行為之動機，損害將有可能擴大，賠償範圍亦將擴大，對於被害人與侵權行為人均屬不利。故而，解釋上宜從寬認為，扶養義務人於支出醫療費時，除有履行自己扶養義務之意思外，亦兼為侵權行為人管理、為其回復原狀及控制損害範圍之意思，而能與侵權行為人成立無因管理法律關係。經此解釋，避免扶養義務人在面對肇事者時，較不負有扶養義務之人立於更為不利的法律上地位。

第 07 章
無因管理規範下權利義務的特徵

一、僅規範管理人與本人間之內部關係

　　成立無因管理法律關係時，所成立者為僅存在管理人與本人間具相對性的法定之債的關係。第一七三條以下之無因管理規範，僅處理管理人與本人間之內部關係，雙方依相關規定中之特別要件，互負特定之權利與義務。管理人與本人間就此等法定之債有不履行之情事，仍適用債務不履行之一般規範。❶第一七三條以下之無因管理規定，並無涉管理人與第三人或本人與第三人間之法律關係。

　　申言之，第三人與本人或管理人間之法律關係，須依其他規範決定。如管理人於無本人之代理權情形下，逕以本人之名義向第三人購買特定標的，即便該管理行為符合本人之意思與利益，於管理人與本人間係屬於第一七六條之適法無因管理，然第三人與本人間之關係仍應依第一七〇條無權代理之規定決定。此外，第三人與管理人間之關係，亦應依第一一〇條之規定決定之，無代理權人（管理人）須對於善意相對人（第三人）負損害賠償之責。

二、管理人與本人之義務間並不構成對待給付關係

　　第一七三條以下之無因管理規範，管理人的義務與本人的義務之間，解釋上並不構成對待給付關係，而無法類推適用第二六四條同時履行抗辯之規定。本人不得以管理人未曾履行此等義務而主張同時履行抗辯，拒絕依相關規定提出給付。❷此外，即便管理人未履行其法定義務時，第一七三條以下

---

❶　Schwarz/Wandt, §5 Rdnr. 3.

之無因管理規範亦未規定將造成其權利不發生或失權的效果。此諸如，管理人於開始管理時未依第一七三條規定通知本人時，一方面管理人不因此喪失對於本人依第一七六條、第一七七條所發生之費用與損害賠償請求權，另一方面本人亦不得以管理人未曾履行此等義務而主張同時履行抗辯，拒絕履行其所應負擔之費用償還或損害賠償義務。又例如，管理人進行管理時，雖有違反第一七二條後段要求之情事時，本人尚不得以管理人未履行此一義務或尚未履行因違反此一義務所生之損害賠償義務,而拒絕履行其依第一七六條、第一七七條對於管理人所負擔之費用償還義務或損害賠償義務。

三、符合本人之利益與意思為進入無因管理法律關係後之法定義務

依第一七二條後段之規定，管理人「其管理應依本人明示或可得推知之意思，以有利於本人之方法為之」，此為無因管理法律關係成立時之法定義務、法定要求。第一七二條後段條文文字中「其管理」、「以……之方法為之」之用語均意謂此為進入無因管理法律關係後，開始進行管理行為時之義務，即「管理事務之實施」時的義務。此一法定義務，對於依無因管理法律關係所進行之一切管理行為，不論係適法或不適法無因管理，均有適用。

故而管理人以管理行為及管理意思進入無因管理法律關係後，於進入實施、進行事務管理之階段，如管理人違反須符合本人意思與利益法定義務，致造成本人損害時，管理人將另外對於本人發生債務不履行中不完全給付之損害賠償責任（第二二七條）❸，或於侵害本人權利時，構成侵權行為之損害賠償責任。❹

---

❷　Schwarz/Wandt, §5 Rdnr. 3.

❸　於成立無因管理法律關係後，因管理事務之實施違反第一七二條後段之法定義務時，應負債務不履行之責任，史著，頁62；邱著，頁92以下；王著，頁372、388、393。

❹　此處所指者為管理事務之方法，因不符合本人意思與利益，未盡法定義務，致侵害他人權

申言之，即便管理人在剛開始決定承擔管理事務之階段，因不符合「利於本人」或不符合「不違反本人明示或可得推知之意思」，而構成第一七七條第一項之不適法無因管理，使管理人未來的求償權範圍受到限制，其於稍後實際實施事務管理之階段時，仍須符合第一七二條後段之「其管理應依本人明示或可得推知之意思，以有利於本人之方法為之」的管理事務法定要求，如管理人違反此一法定義務致造成本人損害時，將另外對本人發生賠償責任。此諸如，管理人違反因颱風受困暫時無法回家的房東在魚缸上標示不要餵食其金魚的意思，仍執意購買飼料並餵食金魚，因該事務管理之承擔違反本人明示意思，依第一七七條第一項構成不適法無因管理，管理人對於房東求償權範圍因此受到限制；然管理人又因過失或可歸責事由致餵食過量之飼料，致房東之金魚受有損害時，即違反第一七二條後段須以有利於本人之方法為之之法定義務，而對房東另外發生賠償責任。

即便管理人在決定承擔管理事務之階段，因利於本人且不違反本人明示或可得推知之意思，而構成適法無因管理，使管理人未來的求償權範圍不受到限制，其於稍後之實際實施事務管理之階段時，仍須繼續符合第一七二條後段之管理法定要求。如實施事務管理階段違反此等須符合本人之利益與意思的義務，其效果僅為須對於本人另外負侵權行為之損害賠償責任、或債務不履行之不完全給付責任，並不會使適法無因管理成為不適法無因管理，管理人本得享有之求償權範圍仍不受限制。此諸如，管理人主動為暫時因颱風受困無法回家的房東購買食物餵食其小狗，因事務管理之承擔不違反本人之意思且利於本人，構成適法無因管理，然又因過失或可歸責事由致餵食不清潔的食物使小狗受有損害時，即違反第一七二條後段「以有利於本人之方法

利，將構成債務不履行及侵權行為的情形，如颱風前夕主動修理鄰居屋頂時，不小心砸壞鄰居其他家具的情形。如管理事務之本身（管理事務之承擔）即構成侵害他人權利之情形，如鄰居房屋失火時破窗而入救火致侵害他人財產權，將因其構成適法無因管理，解釋上符合第一七六條前段之法定要求而能阻卻違法，而不構成侵權行為。

為之」的要求，而對房東另外發生賠償責任。

㈣、以管理事務之承擔是否符合本人之利益與意思判斷是否構成適法無因管理

於無因管理法律關係成立時，事務之管理如能符合利於本人及不違反本人明示或可得推知之意思此等法定要求，管理人將能依法當然享有費用償還請求權、債務清償請求權及損害賠償請求權，且管理人求償範圍亦不限於本人所得利益範圍，而不問本人是否願享有因管理所生之利益，亦不問是否達到管理之目的、本人最後是否會因管理結果獲有利益，學說上稱為適法無因管理。與此相對，違反前揭須符合本人意思與利益之要求時，須待本人選擇願享有因管理所生之利益時，管理人方得在本人所享有之利益範圍內，對本人享有費用及損害賠償請求權，學說上稱為不適法無因管理。故而，事務之管理係屬適法或不適法無因管理，對管理人在求償權發生方式及求償範圍上將有重大不同。❺

---

❺　於適法無因管理情形，德國民法第六八三條第一句規定，事務管理之承擔符合本人之利益且符合本人之實際或推定之意思時，管理人可一如受任人之情形來請求償還費用。申言之，德國民法下適法無因管理其求償權之構造係以委任法制來建構，此與我國民法第一七六條第一項略有不同，我國規範直接規定求償類型及範圍含必要與有益費用償還、損害賠償及清償債務請求權，係仿自瑞士民法第四二二條第一項。於不適法無因管理之情形，德國民法第六八四條第一句規定，不符合第六八三條之要件時，本人因事務管理所得之利益全部，依不當得利返還之規定返還之。申言之，德國民法下不適法無因管理中，其本人與管理人間之關係，原則上以不當得利法制來建構，亦與我國民法第一七七條第一項視本人是否願享有利益，以本人所得享有利益範圍來限制管理人求償範圍有所不同，我國規範係仿自瑞士民法第四二三條第一項及第二項。德國民法第六八四條第二句規定，不適法無因管理經本人承認時，準用第六八三條適法無因管理下管理人費用求償權之規定，求償範圍並未限於本人所受利益範圍。此一方面與我國民法第一七八條不區別何種無因管理，一經本人承認時，均準用委任之規定不同，另一方面亦與我國民法第一七六條第一項不適法無因管理在本人願享有管理所得利益時，管理人求償權之範圍以本人所得利益為限不同。

　　有疑義者為，在判斷是否為適法無因管理時，前提為管理事務有利於本人及不違反本人明示或可得推知之意思要求，而第一七二條後段對於管理人之法定義務，亦要求其管理應依本人明示或可得推知之意思，以有利於本人之方法為之，二者均重複規定須符合本人之利益與意思之要求。故而在判斷是否為適法無因管理時，究竟第一七六條第一項中管理事務須符合本人之利益與意思之規定，是否要求管理行為在「管理事務之實施」上須始終具備此要件，始能構成適法無因管理，或是僅於進入無因管理關係之初，即在「管理事務之承擔」上具備此一要件時已足，即生爭議。❻

　　解釋上應認為，第一七六條第一項對於管理事務須利於本人及不違反本人明示或可得推知之意思之要求，僅要求管理人在是否要進入無因管理法律關係之階段上，即「管理事務之承擔」(Übernahme der Geschäftsführung) 上，符合本人之利益與意思已足。申言之，第一七六條第一項、第一七七條第一項中之「管理事務」係指「開啟」無因管理之「管理事務之承擔」階段。❼

---

❻　德國民法第六八三條第一句關於適法無因管理中之措辭，其明白規定「管理事務之承擔」(Übernahme der Geschäftsführung) 符合本人利益且符合本人之實際或推定之意思時。故而，在德國民法下，事務管理究竟是否符合本人利益且符合本人之意思，於事務管理之承擔上符合此等要求已足。德國民法第六八三條第二句關於違反本人意思但例外仍屬適法無因管理之情形，其亦規定事務管理之承擔違反本人之意思。瑞士債務法第四二二條、第四二三條對於符合本人利益之管理與不符合本人利益之管理，條文中亦使用「事務管理之承擔」(Übernahme der Geschäftsbesorgung) 之措辭。

❼　學說上同樣強調，第一七六條第一項、第一七七條第一項、第一七四條第一項之「管理事務」或「事務之管理」係指管理事務之承擔，即管理事務承擔之本身利於本人，非指管理事務實施之結果利於本人；而民法第一七二條後段係指管理事務之實施，王著，頁371以下、373、375、384、393、398。同樣強調第一七六條、第一七四條之「管理事務」係指管理事務之承擔者，史著，頁63、65。不同見解認為，第一七六條第一項「管理事務，利於本人」並非指管理事務之承擔本身利於本人，須是管理之結果利於本人者；蓋如本人因管理受到不利結果時，要求本人須先向管理人給付全部費用，本人另外再向管理人依不

　　申言之，第一七六條第一項、第一七七條第一項之「管理事務」之所以指「管理事務之承擔」，可由第一七二條後段之用語中除「其管理」外，尚有「以……之方法為之」推導得之。蓋第一七二條後段在強調進入無因管理法律關係後，介入他人事務之執行方法，即管理事務之實施；而第一七六條第一項、第一七七條第一項並未採取管理事務之方法的用語，對照之下即可推導出第一七六條之管理事務在概念上與第一七二條之管理有所區隔，應指介入他人事務之本身，即管理事務之承擔，而不含介入他人事務之方法。

　　管理事務之承擔符合本人之利益與意思時，則構成適法無因管理，即便於管理事務之實施中有不符合本人之利益與意思之情事，僅使管理人對於本人另外發生損害賠償責任，仍無礙管理人適法無因管理之成立。經將民法第一七六條第一項之管理事務範圍解為限於管理事務之承擔本身，排除嗣後管理事務之實施的階段，一方面本人之權益已因管理人另外發生的賠償責任而兼顧，另一方面將能使適法無因管理更容易成立，管理人在求償權之發生及求償範圍較為有利，而不會動輒因於管理事務之實施中稍有違反本人之利益或意思時，即陷入不適法無因管理之範疇，而能平衡本人與管理人之利益，鼓勵人性互助。

　　故而在管理人決定是否進行事務管理之階段，即在管理事務之承擔上，其符合本人之利益與意思時，即構成適法無因管理，不符合者則為不適法無因管理。即便管理人於嗣後繼續進行管理之階段，即管理事務之實施時，不符合第一七二條後段所要求之須符合本人之利益與意思的法定義務，此時僅發生管理人須對於本人另外負損害賠償義務，並不影響無因管理之行為已被定性成適法或不適法無因管理的結果及效力。反之，倘在管理事務之承擔上不符合本人之利益與意思時即構成不適法無因管理，不因稍後在管理事務之實施上符合本人之利益與意思而在判斷上有異，管理人僅因此對本人不會另

當得利、侵權行為、債務不履行之規定求償，於法益上似不平衡。林著，頁 254 以下。

外發生賠償責任。簡言之，適法或不適法無因管理之屬性，在管理事務之承擔階段上即已終局確定，而無需再斟酌於管理事務之實施階段是否仍繼續符合本人之利益與意思。

五、管理事務之實施與管理事務之承擔之區別

第一七二條後段所要求管理應依本人明示或可得推知之意思，以有利於本人之方法為之，即便其與第一七六條第一項同樣要求須符合本人之利益與意思，解釋上第一七二條後段應限縮於其僅規範進入無因管理法律關係後，對於管理之方法、管理事務之實施上的法定義務。申言之，第一七二條後段對於管理事務法定要求，「其管理」之措辭係指執行無因管理之管理事務之實施階段，而不涵蓋管理事務之承擔本身。❽ 於管理事務之承擔階段是否符合本人之利益與意思時，僅產生應歸類於適法或不適法無因管理範疇的課題，不應使第一七二條後段對於管理事務法定要求亦及於此一階段，而在概念上使所有不適法無因管理均當然構成管理義務之違反，而當然發生債務不履行之責任。

故而，管理人於管理事務之實施上，即便有違反第一七二條後段之法定要求之情事時，如前所述，其另外發生管理人對於本人之損害賠償義務，與判斷無因管理為適法或不適法無因管理之課題無涉，不應使無因管理進行方法之法定要求來影響是否為適法無因管理之判斷。因此，即便第一七六條第一項及第一七二條之要件中，重複規定了符合本人之利益與意思之要求，然在結合其應有的判斷對象後，管理事務之承擔與管理事務之實施本身是否符合本人之利益與意思要求，將成為不同之概念，在規範中亦扮演了不同之作

---

❽　學說上強調，第一七二條後段為管理事務之實施，王著，頁 371 以下、388。不同見解認為，第一七二條後段之管理，包括管理之承擔（開始）與承擔後之管理行為（管理方法），史著，頁 61 以下。

用。故管理人無論在管理事務之承擔上是否符合民法第一七六條第一項之本人意思與利益之要求，而分別構成適法或不適法無因管理者，在管理事務之實施上，仍須繼續符合第一七二條後段之本人意思與利益之要求。

六、僅違反本人意思而為管理事務之承擔者負無過失賠償責任

關於管理人注意義務提高之規定，第一七四條第一項規定：「管理人違反本人明示或可得推知之意思，而為事務之管理者，對於因其管理所生之損害，雖無過失，亦應負賠償之責。」解釋上應認為，第一七四條第一項前段之「而為事務之管理」僅限於管理事務之承擔階段，蓋其用語並非「事務管理之方法違反……意思」，而可認為其不涵蓋管理事務之實施階段。❾否則，倘認為第一七四條第一項前段尚涵蓋管理事務之實施，將使無論適法或不適法無因管理，同樣會因為在管理事務之實施階段有違反管理人意思之情事，賠償責任均提高到無過失責任，對於管理事務之承擔符合本人之利益及意思的適法無因管理管理人，顯難得事理之平。

將第一七四條第一項前段所規範須提高賠償責任至無過失責任者，解釋成管理事務之承擔不符合本人意思之情形，其必然同時依第一七七條第一項構成不適法無因管理，而不構成適法無因管理。此時若排除適法無因管理，將此種不適法無因管理下之管理人對本人所生之賠償責任提高至無過失責任，在解釋上顯然較符事理之平。故第一七四條第一項前段條文中之「而為事務之管理」之「管理」僅應限於管理事務之承擔，在概念上與第一七四條第一項後段「因其管理所生之損害」之「管理」兼及管理事務之承擔與實施不同。

---

❾　學說上同樣認為第一七四條第一項前段中之「而為事務之管理」係指管理事務之承擔者，王著，頁 372、398；史著，頁 63。

於適法無因管理之情形，及不適法無因管理下管理人並不違反本人意思（但違反本人之利益）而為管理之承擔的情形，對因其管理所生之損害，即便管理人於管理事務之實施階段有違反本人明示或可得推知之意思，其對本人之賠償責任仍僅負抽象輕過失之責任。❿反之，於不適法無因管理下，管理人違反本人意思而為管理之承擔的情形，管理人雖對因其管理所生之損害無過失，對於本人賠償責任仍將提高至無過失責任。

七、本人承認管理事務之效果不區別適法或不適法無因管理均有適用

第一七八條規定對於管理人之管理事務，將因本人之承認，使本人與管理人間之無因管理法律關係，適用委任之規定，而不再適用無因管理之規定。⓫由於條文中並不區別該事務管理須屬適法或不適法無因管理之情形，均有本條之適用，解釋上應認為，無論在管理事務之承擔上是否符合本人之利益與意思，如本人願意承認事務管理，本人與管理人間之法律關係即應適用委任之規定，而不再適用無因管理之規定。從而，該經本人承認之事務管理，其過去是否符合本人之利益與意思、究竟屬適法或不適法無因管理，將不再有意義。

至於不法管理，雖亦有管理他人事務之行為，而符合第一七八條管理事務之要求，然解釋上應認為，僅構成無因管理法律關係之管理行為，方能適用第一七八條因本人之承認而適用委任之規定。不法管理因欠缺管理意思而不構成無因管理，解釋上仍無第一七八條規定之適用。⓬

---

❿　學說上亦強調，於管理之承擔不違反本人意思時，管理人就其事務之管理行為（管理方法）所致生於本人之損害，以有故意或過失時為限，始負賠償責任。史著，頁 63。

⓫　我國民法第一七八條規定係繼受自瑞士債務法第四二四條，此有別於德國民法之規定。於德國民法下，本人之承認僅於不適法無因管理中有規定，且效果並非適用委任之規定。德國民法第六八四條第二句規定，如本人承認事務管理時，管理人享有第六八三條適法無因管理下之請求權，即得請求與受任人相同之費用償還請求權。

第 *08* 章
管理人之義務(一)：
符合本人之意思與利益的管理事務實施

一、無因管理法律關係下管理人的義務

民法第一七二條以下之規定，主要在規範無因管理法律關係成立後管理人與本人間之義務與權利。一方面規範管理人於一定要件下之責任，如第一七二條後段要求管理符合本人之意思與利益、第一七四條將不適法無因管理中不符本人意思類型之管理人義務提升至無過失責任；另一方面規範管理人於一定要件下之權利，如第一七六條、第一七七條區別適法與不適法無因管理，分別賦予管理人不同範圍之求償權。以下先敘述無因管理法律關係下，管理人之義務與責任。

惟應強調者，第一七八條規定，如管理事務經本人承認者，除當事人有特別意思表示外，溯及管理事務開始時適用關於委任之規定。故而，第一七二條對於無因管理法律關係下管理人與本人間之權利義務，僅於管理事務未經本人承認時，始有適用。

構成無因管理法律關係時，管理人除對於本人負有無因管理法定之債下的管理人義務外，於案例事實中，管理人亦可能同時侵害本人之權利，而與本人發生侵權行為損害賠償之法律關係。故而，構成無因管理法律關係時，管理人對於本人所負之賠償義務，可能包括無因管理法定義務履行之債務不履行賠償義務，及侵權行為下之損害賠償義務。

---

❷　解釋上同樣認為，非真正無因管理，即不構成無因管理之情形，不適用亦無類推適用第一七八條之規定者，王著，頁 405 以下。

　　管理人即便是無行為能力人或限制行為能力人,其仍負有無因管理法律關係下之管理人的義務。蓋如前所述,無因管理本質上以事實行為發生法律關係,且屬干涉他人之事務之侵權行為,其成立本不以管理人有行為能力為必要,解釋上無因管理法律關係成立後管理人之義務與權利,對於無行為能力人或限制行為能力之管理人仍有適用。❶無行為能力人或限制行為能力人如具有意思能力而有管理意思,仍能成立無因管理法律關係,負擔管理人之義務。惟為保護未成年人,解釋上未成年管理人於無因管理法律關係下之注意義務應降低至具體輕過失之賠償責任。此外,管理人之通知義務(第一七三條第一項)、報告義務(第一七三條第二項準用第五四〇條),於未成年人進行管理時亦應加以減輕。

　　未成年管理人於發生無因管理法律關係時,倘欲免除其侵權行為責任,仍須管理事務之承擔符合第一七六條第一項本人意思與利益之法定要求,且在管理事務實施上並未另外發生侵害本人權利之情事。

⬤二、管理事務實施上須符合本人之意思與利益之法定義務

　　管理人之管理他人事務行為依第一七二條前段規定成立無因管理法律關係後,同條後段即要求管理事務之實施須符合本人之意思與利益。此等對於管理人要求「以符合義務的方式為管理事務之實施」(pflichtgemäße Ausführung der Geschäftsbesorgung),學說上有將此稱為「適當管理義務」。❷相對於第一七三條第一項所規範之管理人通知義務及等待指示義務,學說上將其歸類為「從給付義務」,第一七二條後段之管理人須符合本人之意思與利

---

❶　管理人為無行為能力或限制行為能力人時,德國民法第六八二條規定,其僅依侵權行為之損害賠償規定及不當得利之返還規定負責。我國民法欠缺相對應之規定,解釋上於我國民法下,無行為能力或限制行為能力人仍須依無因管理之規定負責。

❷　史著,頁61;邱著,頁92;鄭著,頁105;林著,頁248以下。

益的規定，學說上將其稱為管理人之「主給付義務」。❸

　　此一須符合本人之利益與意思的法定要求，乃在無因管理法律關係下對於管理人依法發生之義務，而不問管理人是否願承擔此等義務。除非管理人自始客觀上無管理他人事務之行為或主觀上無管理他人事務之意思，即根本不發生無因管理法律關係之情形，否則管理人一旦為管理事務之承擔並發生無因管理法律關係時，管理人就管理事務之實施即應遵循此一法定義務。

❸、不履行法定義務時之債務不履行不完全給付賠償責任

　　管理人在管理事務之實施上不符合第一七二條後段之法定義務時，將構成法定之債的債務不履行情事。申言之，於管理人就法定義務之違反可歸責時，即具有管理事務「實施上之過咎」(Ausführungsverschulden) 時，將依債務不履行之規定對於本人負有損害賠償義務，即所謂的「第二次義務」(Sekundärpflicht)。亦即第一七二條後段與債務不履行之規範共同構成本人對於管理人之損害賠償請求權的基礎。❹

　　而於管理人在管理的過程中，管理事務之實施上有瑕疵時，將構成第二二七條第一項不完全給付中「瑕疵給付」之情事。此諸如本人明示或可得而知之意思，乃希望其牧場欄杆係以優良材質木頭來修繕，方能阻擋牧場內動物之衝撞，管理人卻因過失誤選便宜的木頭來修繕，致需要拆掉重做。管理人既違背本人之意思，亦以不利於本人之方式進行管理，而構成法定義務之違反，且具可歸責於管理人之事由。於管理人就瑕疵給付係屬可歸責，且瑕疵屬可補正時，依第二二七條第一項之規定，本人得依給付遲延之規定對管理人行使權利，如第二三一條第一項遲延損害之賠償。於管理人在管理的過

---

❸　王著，頁 388；邱著，頁 92。

❹　德國法下的學說，參照 Schwarz/Wandt, §5 Rdnr. 57, 63.

程，另外對於本人財產或人身造成損害時，將構成第二二七條第二項不完全給付中「加害給付」之情事。此諸如管理人颱風前夕主動修理鄰居屋頂時，不小心砸壞鄰居其他家具的情事，於管理人可歸責時，依加害給付之規定，本人得請求損害賠償。❺

而債務不履行賠償範圍，解釋上僅限於與管理事務實施有關之損害。此外，管理最後並未產生所欲達成之結果時，如管理人救火之結果仍不敵大火，本人之房屋仍被燒毀之情形，管理人仍不負賠償義務，蓋管理人所負有之義務僅為須符合本人之意思與利益方法進行管理事務之實施，其並不負有「給付成果」(Leistungserfolge) 之義務。❻申言之，管理人就管理事務之實施符合本人之意思與利益已足，管理事務實施後是否出現有利於本人之成果在所不問，管理人均已履行其第一七二條後段之法定義務。

㈣、管理事務實施階段之法定義務

如前所述，第一七二條後段之要求，解釋上係指管理事務之實施，即管理事務之過程與方法，而不涵蓋管理事務之承擔，此與第一七二條前段之管理事務尚涵蓋管理事務之承擔有所不同。❼蓋如不為此等限縮解釋，將造成所有管理事務之承擔不符合本人之意思或利益之管理，均當然構成法定義務不履行的結論。

---

❺　我國學說上強調管理人在管理事務之實施上不符合第一七二條後段之法定義務時，應依不完全給付債務不履行之規定，負損害賠償責任者，王著，頁 372、388 以下；邱著，頁 92。

❻　Schwarz/Wandt, §5 Rdnr. 73.

❼　第一七二條前段之管理事務者，在個案中可能管理人剛著手為管理事務之承擔，如照顧迷路之兒童，管理人亦可能同時進行管理事務之承擔與實施階段，如管理人照顧迷路之兒童之同時並立刻提供其午餐。惟無論如何，管理人客觀上至少須有管理事務之承擔行為，以及主觀上須有管理意思，方能依第一七二條前段成立無因管理之法律關係。

　　申言之，管理人在管理事務承擔之階段，雖事務管理之本身不符合本人之意思與利益，此僅使管理行為進入不適法無因管理範疇之效果，使管理人求償權之發生及範圍受到限制，其並不構成第一七二條後段法定義務之違反。故而，於不適法無因管理情形中，倘管理人在管理事務之實施階段並未另外發生違反本人之意思與利益之情事，管理人對於本人仍不構成債務不履行之情事。即對於法定義務違反之判斷，不適法無因管理下管理事務之承擔違反本人意思或利益並不具有意義。❽申言之，尚須管理人就管理事務之實施階段另外發生不符本人之意思與利益之情事，方構成法定義務之違反，而構成法定之債的債務不履行。

　　反之，於適法無因管理之情形，管理人雖在管理事務之承擔上符合本人之意思與利益，倘於管理事務之實施時另有違反本人之意思或利益之情事，仍將構成債務不履行。惟仍不因在管理事務之實施有違反本人之意思或利益，而使適法無因管理轉換成不適法無因管理，管理人仍享有適法無因管理下對於本人之求償權，僅管理人對於本人另外發生債務不履行之賠償責任。如管理人颱風前夕主動修理鄰居屋頂時，發生工程本身施作品質不良或另外砸壞鄰居其他家具的情事，修理鄰居屋頂本身即管理事務之承擔，因符本人之意思與利益，屬適法無因管理，即使在管理事務之實施上有工程本身施作品質不良或砸壞其他家具之情事，而不符本人之意思或利益，管理人僅構成債務不履行中不完全給付之瑕疵給付或加害給付之情事而對本人負賠償義務，管理人仍享有適法無因管理下對本人之求償權，如因修理屋頂所受之損害及所支出之費用求償權。

　　職是之故，無論管理人在管理事務之承擔階段是否符合本人之意思與利益，於進行管理時仍須符合本人之意思與利益。申言之，管理事務之實施時符合本人之意思與利益之要求，於適法及不適法無因管理均有適用，倘違反

---

❽　Schwarz/Wandt, §5 Rdnr. 62.

此等義務者均構成債務不履行之情事。然在管理事務之承擔違反本人意思此一不適法無因管理情形,倘管理人另於管理事務之實施造成本人損害之情形,固然構成債務不履行之賠償責任,惟第一七四條另已規範此一情形下之損害賠償責任,並將管理人之賠償責任提升至更為嚴苛的無過失責任。此時雖然構成法定義務之債務不履行之損害賠償責任與第一七四條之無過失賠償責任的競合,然因本人主張第一七四條之無過失賠償責任時,較主張管理人須有可歸責事由之債務不履行責任為有利,故於此情形下,此等請求權競合對本人之意義不大。

🄕 、本人意思之確定

　　民法第一七二條要求管理人管理事務之實施,須符合本人明示或可得推知之意思及有利於本人之方法。故而確定本人之意思與利益何在,為判斷管理人之管理事務實施是否符合法定要求,而構成債務不履行與否之前提。

　　一如概念上須區別管理事務之實施與管理事務之承擔,在概念上亦應區別本人就管理事務實施之意思 (Aus- bzw. Durchführungswille) 與本人就管理事務承擔之意思 (Übernahmewille)。 ❾民法第一七二條後段所指須符合本人之意思之要求,係指管理事務實施之意思。故而在個案中,管理人就管理事務承擔雖符合本人之意思而構成適法無因管理,仍可能在管理事務之具體實施上,因不符合本人管理事務實施之意思,而構成法定義務之違反。此諸如管理人主動救援車禍患者,此符合本人就管理事務承擔的意思,但以不潔的抹布為本人包紮傷口,即違反本人可得而知的管理事務實施之意思。

　　本人明示之意思,係指本人事實上所曾明白表示之意思,❿此較易認定。而本人可得推知意思,係指得以某種情況推測出本人意思之情形。⓫學說上

---

❾　Schwarz/Wandt, §5 Rdnr. 59.

❿　鄭著,頁 105; 邱著,頁 93。

即舉例，如本人以賣香蕉為業，每日清晨必運送香蕉赴市販賣，一日清晨其將一擔香蕉置於屋外而不知去向，而香蕉有腐爛之虞，管理人逕將該香蕉販售之情形。⓬管理人接手管理該香蕉以避免其腐爛，解釋上此等管理事務之承擔係符合本人可得推知之意思。而自本人過去均將香蕉運送至市場加以販售之行為可推導出，管理人有販售其香蕉之意思，故管理人以變賣之方式所進行的管理事務之實施，係符合本人可得推知之意思。此外，學說上亦有舉例攤販間主動幫臨時離開攤位者留住客人或販賣物品之情形，⓭解釋上亦可認為，臨時離開之本人有依標價或市場行情來販賣攤位上貨品之意思，管理人除代為看管貨品之管理事務之承擔外，管理人無論只是幫忙留住客人，或進一步以標價或市場行情來進行販賣的管理事務之實施，均不違反本人意思。如管理人係以低於標價或市場行情販賣時，應得認為此等管理事務之實施不符本人可得推知之意思，而構成法定義務之違反。

　　管理事務之實施是否符合本人之明示或可得推知意思之法定要求，僅視客觀上是否符合本人此等明示或可得推知之意思，而不問管理人主觀上究竟是否知悉或可推知此等本人所曾明示或可得推知之意思。申言之，就管理事務之實施，管理人善意不知本人之意思，仍構成法定義務之違反。⓮蓋無因管理本質上係干涉他人之事務，不應僅因管理人個人不知或無法推斷出本人明示或可得推知之意思，即認為管理人並無不符本人之意思，而不構成法定義務之違反。故而，第一七二條後段之本人可得推知之意思，係指一般人可推知之本人意思，不問管理人於個案中是否有可能推知或實際上有推斷出本人意思，亦不問管理人主觀上所推斷出之本人之意思為何。⓯如本人將自用

⓫　鄭著，頁 105；邱著，頁 93；孫著，頁 122 以下。

⓬　鄭著，頁 105 以下。

⓭　孫著，頁 123。

⓮　學說上在第一七六條第一項關於管理事務之承擔須符合本人意思之解釋上，有強調管理人是否知悉本人所表示之意思在所不問者，王著，頁 384。

的腳踏車停靠在人行道圍牆旁，但被風吹到快車道上，一般人均可推知，於本人可得推知的意思中，僅有拾回後放回人行道圍牆旁或直接還給本人之可能，一般人並可推知本人並無出售停在路邊腳踏車之意思。如一路人經過，自快車道上拾回腳踏車後，即在路邊加以變賣，即可認為該管理人管理事務之實施並不符合本人可得推知之意思，而違反第一七二條後段之法定義務。

六、本人利益之確定

管理事務之實施是否符合第一七二條後段要求之本人利益，解釋上應客觀判斷是否符合本人利益。❶⑥德國學說上亦強調，德國民法第六七七條所要求依本人利益所要求來進行管理之利益 (Interesse)，係指本人客觀之利益 (objektive Nutzen)，即自公眾的觀點視之，係屬對於本人客觀上有利 (sachlich vorteilhaft) 者。❶⑦我國學說上並有更進一步闡釋，判斷是否符合第一七二條後段「有利於本人」之要求，應斟酌一切與本人、管理人及事務之種類、性質等相關情事，客觀決定之。❶⑧此外，由第一七二條後段條文中「以有利於本人之方法為之」用語可知，管理事務之實施在方法上有利於本人已足，最後事實上之管理結果是否有利於本人、有無產生利益，則非所問。❶⑨如管理人以乾粉滅火器救火，即便最後本人之房屋仍被燒毀，以乾粉滅火器救火仍屬有利於本人的管理事務之實施行為。

---

⑮ 在第一七六條第一項關於管理事務之承擔須符合本人之明示或可得推知意思之要求，學說上即有強調，所謂可得推知之意思，非謂由管理人主觀之推知，應依客觀標準綜合一切情形而可認為正常的意思。史著，頁 65。

⑯ 史著，頁 62；邱著，頁 93；林著，頁 247、249；孫著，頁 124。同此意旨，認為管理人以本人客觀利益來管理已足，並非以本人主觀之特殊利益為準，黃立著，頁 185 以下。

⑰ Schwarz/Wandt, §5 Rdnr. 57; Seiler in: MünchKommBGB, §677 Rdnr. 51.

⑱ 邱著，頁 93。

⑲ 林著，頁 247；邱著，頁 98。同此意旨，認為以有利之方法，但結果仍屬不利時，仍不負賠償責任者，孫著，頁 124。

　　學說上並強調，管理人以不利本人之方法進行管理，然誤信其為利於本人致生損害於本人，管理人仍應負債務不履行之損害賠償責任。[20]蓋管理事務之實施是否有利於本人本應客觀判斷，並非以管理人主觀上之觀點判斷。且無因管理本質上係干涉他人事務，故管理事務之實施是否利於本人，管理人本應承擔其判斷評估錯誤之風險。

　　而管理事務之實施是否有利於本人，亦不問本人主觀上是否認為該管理事務之實施對其有利，蓋本人之觀點僅在管理是否符合「本人之明示或可得推知意思」要件中發揮作用。此諸如，管理人收留他人迷路之孩童，並購買一般市價之綠豆湯供其食用，客觀上對於本人有利，應認為符合第一七二條後段之法定義務；即便本人主觀上認為提供免費白開水給孩童飲用已足，提供綠豆湯花費較多而對其不利，管理人仍不違反前揭法定要求。

七、本人意思與本人利益衝突之情形

　　依第一七二條後段規定，管理人管理事務之實施須符合本人意思，且必須利於本人，兩者均須兼備，方不構成法定義務之違反。然有疑義者，若本人之意思與本人之利益間有衝突，致管理人管理事務之實施不可能同時兼備此二要件時，是否可因此逕認為管理人違反法定義務，或於何種情形下方可認為管理人已履行法定義務？申言之，即本人之意思與本人之利益間發生衝突時，應以何者為優先，僅須符合該項要求即不構成法定義務之違反，值得探討。

　　例如於百貨公司中，本人有明示或可得而知的意思，當日欲對所有客人給與九折的優惠，以爭取交易機會，然本人突然離開櫃位，未受委任之管理人主動幫本人招呼來詢問商品的客人，見客人財力雄厚，遂以原價出售，而未給與優惠。管理人管理事務之實施以原價賣出，係有利於本人，卻違反本

---

[20]　史著，頁62。

人之意思，此時是否構成第一七二條後段法定義務之違反，即生爭議。或例如，本人之孩童過去發燒時，皆送往較遠的自費診所看病，而不願送往較近的健保給付診所看病。一日本人因颱風受困遠處，管理人主動照顧本人之孩童，並發現其發燒之情形，如管理人依本人可得而知的意思，送往較遠的自費診所看病，此時管理人管理事務之實施係符合本人之意思，但似不利於本人。倘管理人將孩童送往較近的健保給付診所看病，則管理事務之實施係有利於本人，但不符合本人之意思。

面對本人之意思與本人之利益發生衝突時，管理人不可能同時兼顧兩者而符合法定要求之情形，首先可認為，如管理事務之實施符合本人之意思時，符合本人意思之管理即應當然符合本人之利益；申言之，此時利於本人之認定，例外不再取決於客觀上有利於本人，本人主觀上認為對其有利，即符合本人意思之管理。蓋一般而言，本人主觀上之利益必然與本人之意思一致，本人願選擇較貴之自費診所，即本人主觀上認為該診所對其有利，不選擇該診所即在本人主觀上對其構成不利益。此外，本人之意思與本人之利益間相矛盾、衝突，往往是本人自己造成，本人既已為客觀上不利益於自己之選擇，規範上實無法再要求管理人同時兼顧本人之意思與利益。故而，不應使此一本人自己造成之衝突或矛盾對於管理人產生效果，使管理人陷於一旦為管理事務之承擔，必然在管理事務之實施上構成法定義務之違反結果。故而，倘管理人之管理客觀上對本人有利時，即便不符合本人之意思，此時應忽視管理人違反本人意思之情事，而認為管理人之管理已符合法定要求，而不構成債務不履行，以調和本人與管理人間之利益。

最後，我國第一七二條後段「其管理應依本人明示或可得推知之意思，以有利於本人之方法為之」之規定，其文義並未展現出本人之意思與本人之利益間孰輕孰重孰優先之意旨。㉑故承前所述，管理人僅需符合本人之意思

㉑　此有別於德國民法之規範，德國民法第六七七條後段措辭為：「事務之管理應依本人之利

或符合本人之利益其中之一，即應認為管理人已履行其法定義務，不構成法定義務之違反。

⑧、例外可忽視本人意思或不利於本人之情形

如管理人之管理事務之實施違反本人之意思或不利於本人，但屬第一七四條第二項所述之「管理係為本人盡公益上之義務，或為其履行法定扶養義務，或本人之意思違反公共秩序善良風俗」之公益管理情形時，是否仍應認為管理人構成法定義務之違反，而有爭議。[22]是否可於公益管理之情形下，例外忽視本人之意思，而認為不構成法定義務之違反，往往是本人的意思與本人之利益、真正的利益與公益間衝突的課題。

此例如，鄰居不扶養其孩童，亦不希望他人介入家中事務為其扶養孩童，但管理人主動提供該孩童食物及教育費用。於此情形，管理人照顧鄰居孩童本身屬管理事務之承擔，雖然不符合本人之意思，但因本人意思違反公序良俗、且管理人係為本人履行法定扶養義務，依第一七六條第二項之規定為適法無因管理，享有同條第一項之求償權。然有疑義者，管理人具體提供該孩童食物及教育費用，屬管理事務之實施，是否仍因不符合本人意思而構成第

益，並顧及到 (mit Rücksicht auf) 明示或可得而知意思所要求者行之」。德國學說上多認為，於本人之意思與本人之利益間有相矛盾衝突時，二者並非處於同樣位階，須以本人之利益優先，而非優先顧及本人之意思。Schwarz/Wandt, §5 Rdnr. 59, 61.

[22] 學者間有檢討，於本人之意思違反道德標準或有背公序良俗時，管理之方法是否仍應依本人之意思而決定，不無商榷者，邱著，頁 93。學者間另有直接指出，於本人之意思與真正利益間有衝突之情形，應不開始管理，如既已開始而有繼續之必要者，則應依真正利益之所在，以為管理，如甲收留乙迷途之子，其未被領回前忽患重病，縱乙向不信任醫師而迷信祈神，甲亦應為之延醫。史者，頁 62。申言之，此一見解即寓有於本人意思違背真正利益，即「管理係為本人盡公益上之義務，或為其履行法定扶養義務，或本人之意思違反公共秩序善良風俗」時，可忽視本人之意思，該違背本人意思所進行的管理事務之實施，仍不構成法定義務違反之意旨。

一七二條後段法定義務之違反，或應認為此時可例外忽視本人意思，即不構成法定義務之違反，即生爭議。

　　此又例如，鄰居之孩童過去生病時，鄰居都是讓該孩童喝符水來治病，於鄉里眾所周知，一日該鄰居因颱風受困遠處，管理人主動照顧其生病之孩童，但卻帶孩童至醫院看診吃藥。管理人照顧鄰居生病的孩童屬管理事務之承擔，符合本人之意思及利益，為適法無因管理，此時無第一七四條第一項之適用，管理人之注意義務因此無庸提升至無過失責任。❷但是管理人於管理事務之實施上，因違反了本人過去讓孩童喝符水治病之意思，且於個案中所支出之醫藥費可能較符水費用為高，而自本人觀點視之，在經濟上似不利於本人。

　　於醫藥費相較於符水費用在經濟上似不利於本人之部分，如前所述，管理事務之實施是否符合本人之利益應客觀判斷，不取決於管理人主觀認定，故可認為帶孩童至醫院看診吃藥仍符合本人利益。然應強調者，管理人帶孩童至醫院看診吃藥仍係不符合本人之意思。有疑義者，當本人過去讓孩童喝符水治病之意思係違反公序良俗，或管理人帶孩童至醫院看診吃藥係為本人履行法定扶養義務時，解釋上是否仍構成第一七二條後段法定義務之違反，或應認為此時可例外忽視本人之意思，即不構成法定義務之違反，即生爭議。

　　論理上，第一七四條第二項「前項之規定，如其管理係為本人盡公益上之義務，或為其履行法定扶養義務，或本人之意思違反公共秩序善良風俗者，不適用之」係承襲自第一七四條第一項之規定，僅在規範管理人在管理事務之承擔違反本人之意思時，例外不依第一七四條第一項將賠償責任提升到無過失責任的情形，尚無法逕援第一七四條第二項認為此時不構成法定義務之違反。申言之，第一七四條第二項僅處理注意義務或賠償責任提升之問題，

---

❷　參見「第七章、六」所述，第一七四條第一項前段之「而為事務之管理」係指「管理事務之承擔」之階段。

而不處理是否構成法定義務違反之問題。此外，第一七四條第二項亦僅處理管理事務之承擔違反本人意思之問題，而無涉管理事務之實施階段違反本人意思之課題。然而第一七四條第二項卻蘊含著在此等特殊情事下，可忽視管理人管理事務違反本人意思之想法。

同樣地，第一七六條第二項亦規定「第一百七十四條第二項規定之情形，管理人管理事務，雖違反本人之意思，仍有前項之請求權」，即於第一七四條第二項之情形，管理事務之承擔違反本人意思，仍有適法無因管理之請求權。申言之，即便第一七六條第二項係在處理管理事務承擔階段及管理人求償權發生之課題，尚無法逕援第一七六條第二項規定認為此時不構成法定義務之違反。然其同樣蘊含著，於公益管理之情形，亦可忽視管理事務違反本人意思之想法。

解釋上應認為，同樣涉及第一七四條第二項之事由，於管理事務之承擔本身，第一七六條第二項已認為可忽視管理人違反本人意思之情事，而仍將其評價為適法無因管理，而同樣的事由延伸到管理事務之實施階段，如在第一七二條後段之解釋認為無法忽視管理人違反本人意思之情事，而仍構成法定義務之違反，將有違事理之平。故而，涉及第一七四條第二項公益管理之情形時，一方面管理事務之承擔違反本人意思，管理人依第一七六條第二項規定仍有適法無因管理之請求權，即可忽視管理人違反本人意思；另一方面，即便管理人在管理事務之實施上繼續違反本人意思，解釋上仍應類推適用第一七四條第二項、第一七六條第二項規定，而認為此時亦應忽視管理人違反本人意思，而仍不構成法定義務之違反。❷❹

---

❷❹　德國民法第六七九條規定，倘若不為管理事務，本人之涉及公益履行的義務或本人之法定扶養義務將無從被即時加以履行時，即無庸考慮本人反對管理事務意思。此一規定，將對於不須考慮本人意思之情形集中加以規定。

九、善良管理人之注意義務

　　就管理人於管理事務之實施時所負有須符合本人之意思與利益之法定義務，無因管理第一七二條以下之規定並未規範管理人於一般情形應負何種程度之注意義務，其僅就特殊之情狀，於第一七五條規定就管理人為免除本人之生命、身體或財產上之急迫危險而為事務管理之情形，管理人係就惡意或重大過失所生之損害負賠償責任。此外，於管理人管理事務之承擔違反本人意思之不適法無因管理情形，第一七四條第一項另有規定，因管理所生之損害，管理人係負無過失責任。

　　除前揭第一七五條緊急管理之情形、及第一七四條第一項違反本人意思之不適法無因管理之情形外，於一般之情形解釋上仍應認為，就此等法定義務之履行，管理人依第二二○條第一項之規定所負之注意義務，為「善良管理人」之注意義務，即管理人應負「抽象輕過失」責任。❷⑤

　　民法第二二○條第二項規定，過失之責任，如其事件非予債務人以利益者應從輕酌定。此外，於委任規範下，第五三五條前段規定，於未受有報酬之情形，受任人僅負有與處理自己事務為同一注意之義務，即具體輕過失之責任，即展現此一精神。而於無因管理法律關係下，管理人雖未受有報酬，且係處理他人事務，似與第五三五條前段所規範之情形類似，然管理人究竟係於未受委任之情形下干涉他人事務，而與委任之情形有著本質上的重大區

---

❷⑤　學說上同樣認為無因管理下之管理人注意義務為善良管理人之注意義務，史著，頁62；鄭著，頁107；孫著，頁125；邱著，頁90以下、93；王著，頁388。與此相對，認為由於無因管理下之管理人並無報酬請求權，管理人應負具體輕過失責任，即與處理自己事務為同一注意，特別是公益管理之情形者，林著，頁248以下。認為類推適用第五三五條，於管理人未收取報酬時係負具體輕過失責任，受有報酬時則負抽象輕過失責任者，黃立著，頁185註10；黃茂榮著，頁412註90。在立法政策上認為公益管理之情形應採具體輕過失責任者，邱著，頁94。

別，故不宜援引第五三五條之法理，適用第二二○條第二項之規定降低管理人之注意義務，逕認為管理人僅負有與處理自己事務為同一注意之義務（具體輕過失責任）。學說上有強調，對於無因管理人注意義務之程度與責任，解釋上認為不適用第二二○條第二項來酌減，仍使管理人負有抽象輕過失責任，即寓有提高標準、加重無因管理人責任之意。❷⑥

✚、公益管理下之注意程度

惟涉及第一七四條第二項公益管理之情形，管理人即便違反本人意思時，不負有第一七四條第一項之無過失責任，其並未另外規範此等情形下管理人之注意程度。於現行法解釋上，有認為公益管理之管理人此時仍回到一般之情形，即負善良管理人之注意義務。❷⑦

然有鑑於公益管理其情狀特殊，與一般情形之無因管理有別，解釋上應採取重大過失的賠償責任為當。❷⑧蓋僅免除其提升無過失責任對於管理人之保護尚嫌不足，且涉及公益上義務、扶養義務及公序良俗均與公益有關，在方法論上，不妨類推適用第一七五條同屬特殊情狀之緊急管理情形，使公益管理之管理人對於因其管理所生之損害，不問管理人是否違反本人意思，除有惡意或重大過失外，不負賠償之責，而使管理人僅負有一般人之注意義務、重大過失的賠償責任。❷⑨

---

❷⑥　邱著，頁 91。

❷⑦　邱著，頁 94。

❷⑧　有學說認為，無因管理之管理人並無報酬請求權，特別是公益管理情形，其係為公益而管理且管理人本無義務，為避免失之過苛，管理人應負具體輕過失責任，即與處理自己事務為同一注意，林著，頁 248 以下。在立法政策上認為公益管理情形應採具體輕過失責任者，邱著，頁 94。

❷⑨　並參見「第十章、二、㈤」之說明。

十一、繼續管理義務之爭議

　　管理人就本不負有管理義務之事務，開始為管理事務之承擔後，是否有繼續實施管理之義務 (Durchführungspflicht; Fortführungspflicht)，不無爭議。此諸如，管理人見本人發生車禍躺在慢車道上持續失血，僅下車將其移至路邊後旋即離開，而未為其止血或將其送醫。本人可能因繼續失血而受有傷害，亦可能因被移至路邊草叢而被草叢中之蛇咬傷而另外受有傷害。

　　德國學說上固有援引德國民法之立法理由強調，管理人原則上並不負有繼續管理之義務，即「中斷管理」(Abbruch der Geschäftsbesorgung) 並不發生債務不履行之賠償義務；惟並有強調，於本人將因管理之中斷，而會遭受到在管理人倘若未介入之情形時本不發生的損害之危險時，管理人將有繼續管理之義務。學說並強調，於例外之情形，得自德國民法第二四二條誠信原則要求中導出繼續實施管理之義務。❸⓿申言之，此一見解認為，如果管理人之中斷管理並未造成新的損害，僅是使原本應發生之損害繼續發生時，管理人之中斷管理尚不構成法定義務之違反，而無庸負賠償責任。❸❶

　　然應認為，管理人若非自始未曾為管理事務之承擔，而根本不發生法定債之關係情形，則管理人一旦為管理事務之承擔後，即負有繼續管理之義務。❸❷此等繼續管理之義務，應持續到依第一七三條第一項前段規定通知本

---

❸⓿　Schwarz/Wandt, §5 Rdnr. 64.

❸❶　學說上有認為管理人一般雖無繼續管理之義務，如中（終）止其管理反較未開始管理為有害者，管理人有繼續管理之義務，如為翻換房屋之屋頂，取去其瓦，則迄其翻換完成，有繼續之義務，蓋若中途停止，反較未開始管理為有害也。史著，頁62。申言之，此說係認為，如管理人中斷管理會對於本人另外造成損害時，方有繼續管理義務，否則管理人仍無繼續管理義務。

❸❷　不同見解認為，管理人一般雖無繼續管理之義務，然其中止如有可認為其方法不適當致本人受損害，仍應負損害賠償責任（第二二〇條）。史著，頁62。學說上亦有指出，管理人在能通知本人前，如終止較繼續管理有利時，管理人似可終止管理之義務。黃立著，頁

人時，管理人須另依第一項後段之規定等待本人指示並停止管理。❸ 於不能通知本人之情形，則當然持續負有繼續管理之義務。蓋於管理事務之承擔後，即發生法定債之關係，就管理事務之實施，依法當然發生須符合本人之意思與利益的義務。在概念上殊難想像，管理人於進行管理後復又中斷管理行為，係符合本人的意思且符合本人的利益，如前揭管理人救助在馬路上昏迷之人，在其仍處於昏迷狀態下，復又棄之不顧的情形。申言之，管理人在管理事務之實施上，須繼續為管理行為，方能符合本人的意思與利益，而符合第一七二條後段之法定要求。❸

職是之故，管理人在管理事務之實施的中斷管理行為，將因不符合本人的意思或利益，當然違反法定義務，而構成債務不履行之賠償責任。即便此只是讓原本應發生的損害繼續發生，並未對本人另外造成損害，管理人仍構成不完全給付之瑕疵給付，而負有賠償義務；如因中斷管理而對本人另外發生損害者，將構成不完全給付之加害給付的賠償義務。

186。亦有認為，應類推第五四九條第二項之規定，於不利於本人之時期終止管理時，仍應負賠償責任。王著，頁390。此等學說即認為，管理人中斷管理之方法不適當，或中斷管理時期不利於本人，致造成損害時，方構成法定義務之違反，而能構成債務不履行之情事，負有賠償責任。如中斷管理並無不利於本人時，管理人不負有繼續管理之義務，不構成法定義務之違反。

❸ 管理人依第一七三條第一項前段通知本人後，應依第一七三條第一項後段之規定，俟本人之指示。申言之，管理人通知本人後，於取得本人指示之前不得繼續管理。

❸ 學說上主張，除管理人有不得已之情形外，應肯定管理人有繼續管理義務者，邱著，頁96。

第*09*章
管理人之義務㈡：管理人之通知義務與計算義務

一、通知義務及等候指示義務

㈠管理人的法定義務

事務經管理人為管理事務之承擔，發生無因管理法律關係後，除不能通知本人之情形外，管理人於開始管理時，就其所承擔或已實施的事務管理，負有即時通知本人之義務，此即所謂「通知義務」(Anzeigepflicht)。第一七三條第一項後段並要求通知本人後，除有急迫之情事外，管理人並負有「等候指示義務」，即管理人應停止管理。❶申言之，管理人於通知本人後，如本人並未立即指示，管理人負有於等待本人指示之期間內「停止管理義務」。

如管理人不能通知本人，除依第一七三條第一項前段規定不負有通知義務外，解釋上亦不負有第一項後段之等候指示義務，管理人自無須停止管理❷，且應繼續管理，蓋停止管理將不符本人之意思與利益，而構成第一七二條後段法定義務之違反。❸倘管理人能通知本人，但有急迫之情事時，依第一七三條第一項後段之規定，管理人即不負等候指示義務，而無須停止管理。此等管理人通知本人義務與管理人等候本人指示義務，為管理人依第一

---

❶ 孫著，頁 126。

❷ 不同見解認為，於不能通知本人時，繼續管理對本人較有利時，管理人方負繼續管理之義務；惟管理之終止較繼續管理對於本人有利者，管理人可終止管理。林著，頁 252。此說似認為於不能通知本人時，不問停止管理是否符合本人意思，於停止管理有利於本人時即可停止管理，而不構成法定義務之違反。

❸ 參見「第八章、十一」之說明。

七三條第一項所發生的法定義務。❹管理人之通知雖非無因管理之成立要件，僅係無因管理法律關係成立後管理人之法定義務，惟學說上有強調，由管理人踐行此一通知行為，可以認定管理人之管理行為有為他人管理之管理意思存在。❺

相對於第一七二條後段之規定學說上將其稱為管理人之「主給付義務」，第一七三條第一項所規範之管理人通知義務及等候指示義務，學說上將其歸類為「從給付義務」❻或「附隨義務」。❼第一七三條第一項之通知義務與等候指示義務，其性質上屬於被立法者具體化出來、應有之管理方法（第一七二條後段），其所涉及者，一如第一七二條後段須符合本人意思與利益之要求，同為管理事務實施階段之法定要求。

無論是適法或不適法無因管理，管理人均負有此等通知義務及等候指示義務。❽此外，於第一七四條第二項公益管理之情形，即便管理人為管理事務之承擔不符本人意思時，其賠償責任不會升高至無過失責任，且不因此構成不適法無因管理，管理人仍須對本人負有通知義務及等候本人指示之義務。

此等課予管理人之通知義務及等候本人指示義務，將使本人能有機會知悉自己之事務正被管理人所干涉，並使本人有機會就管理事務之承擔與實施對於管理人表達意見，使管理人依本人所欲之方式續行管理或令管理人停止

---

❹　德國民法第六八一條第一句亦規定：「管理人就管理事務之承擔，於可能之時，即應通知管理人，且若無導致因延宕所生危險時，須等待本人之決定 (Entschließung)。」其同樣規範管理人之通知義務及等候指示義務。我國民法第一七三條第一項之規定即承襲自德國民法第六八一條第一句。與此相對，瑞士民法的無因管理規範中，並無相對應的規定。

❺　史著，頁 62。

❻　王著，頁 389。

❼　邱著，頁 92。

❽　Schwarz/Wandt, §5 Rdnr. 82. 惟我國學說認為，於不適法無因管理，並無第一七三條第一項通知義務規定之適用，蓋管理事務不利於本人或違反本人意思者，應即停止管理。王著，頁 398。

管理。此展現出無因管理本質上屬干涉他人之事務，須尊重本人之意思來加以平衡。故而，立法者一方面於第一七二條後段規定，管理事務之實施須符合本人過去的明示或可得而知之意思，使管理行為之初期能夠先符合本人過去之意思。另一方面，立法者並於第一七三條第一項課予管理人之通知及等候指示義務，來探求本人實際上之意思，以期管理人之管理行為，無論是管理事務之承擔或實施能夠符合本人現時最新的意思。

　　本人之指示，在概念上應與本人依第一七八條之規定「承認」管理事務，及本人依第一七七條之規定表示願「享有」因管理所生之利益相區別。本人就事務之管理進行指示，同意由管理人進行管理與繼續管理，並不意味著本人有承認管理事務的意思或願享有因管理所生利益的意思。惟在個案中，仍應探求本人之真意，如本人就管理事務進行之指示上，兼有此等意思時，仍得依前揭規定發生法律效果。❾

㈡法定義務發生之前提與違反效果

　　第一七三條第一項前段規定「管理人開始管理時，以能通知為限，應即通知本人」，此等法定義務發生之前提為能通知的情形；而不發生或豁免，為不能通知的情形。不能通知的情形，應依事務之性質與當時情形客觀判斷，諸如不知本人為誰、或不知其所在、或因交通斷絕無法通知。❿故管理人如主觀上認為屬不能通知、客觀上屬可通知時，管理人仍負有通知之義務。

　　此外，第一七三條第一項後段規定「如無急迫之情事，應俟本人之指示」。故而，於等候指示義務之情形，此等法定義務之不成立或豁免，為急迫

---

❾　於本人之指示同意管理人之管理時，管理人自可繼續管理，「但其法律關係，可變成委任（參考第一七八條）」。鄭著，頁108；學說並有指出「當事人指示繼續管理者，依其情形有時可解為係承認管理人之管理行為，依民法第一七八條之規定，適用關於委任之規定」，王著，頁389。

❿　邱著，頁96；鄭著，頁108；孫著，頁125；林著，頁252。有學者認為，如本人已知管理開始，則不必通知。史著，頁62。

情事的情形，此諸如提供飢餓的他人迷途孩童餐飲。是否為急迫之情事，而可不待本人之指示續行管理，解釋上亦應客觀判斷之，而非取決於管理人或本人之認知。

管理人於開始管理時能通知本人而未通知本人之情形，或未於開始管理時通知本人之情形，將構成第一七三條第一項法定義務之違反，而依債務不履行之規範，負債務不履行責任。❶管理人未履行即時通知本人的法定義務，屬不完全給付中瑕疵給付之情形，依第二二七條第一項準用第二三一條給付遲延之規定，於可歸責於管理人時，管理人應賠償本人因遲延所生之損害。此外，經通知本人而本人尚未為指示前，在等候指示義務之要求下，如管理人應等候而未等候本人之指示，即繼續為管理事務之實施者，解釋上亦構成第一七三條法定義務之違反，而負債務不履行之責任。

惟於適法無因管理之情形，即便管理人違反此等通知義務與等待義務，亦不使原本屬於適法無因管理，轉化成不適法無因管理。管理人仍得享有適法無因管理下之請求權，僅另外因違反法定義務，而對於本人發生債務不履行之損害賠償責任。蓋是否為適法或不適法無因管理，於管理事務之承擔階段已經定性，違反通知義務或違反等待義務所涉者，為管理事務之實施，而非管理事務之本身。

(三)通知後管理人違反本人指示之處理

管理人通知本人，經本人指示後，如管理人之續行管理行為違反本人之指示時，應如何處理，不無爭議。解釋上應視本人所指示之內容與管理人違反該指示之程度為何。應強調者，經通知本人後，本人之指示意味著本人關於管理事務之承擔或實施的最新明示意思，如管理人關於管理事務之承擔或實施不符本人之指示，亦將依照第一七七條不適法無因管理規範、第一七二

---

❶　史著，頁 62；鄭著，頁 108；邱著，頁 96；孫著，頁 126；王著，頁 390。德國法上的討論，Schwarz/Wandt, §5 Rdnr. 86.

條後段及債務不履行之規範發生一定的效果。

故而，如本人之指示為根本拒絕管理人關於管理事務之任何承擔與實施時，管理人即不應繼續為管理行為，原本在等待本人指示期間依法停止管理狀態，應繼續停止管理。倘管理人卻仍違反本人指示執意繼續為管理時，於管理人受領本人拒絕管理之意思後，自管理人違反本人意思而繼續進行管理時起，一方面管理人此一階段之管理將因不符合本人意思，而進入不適法無因管理的範疇，管理人於此一階段的費用償還及損害賠償請求權之發生與其求償範圍因此受到限制，且其賠償責任將提高至無過失責任⑫；另一方面，管理事務之實施亦因違反本人之意思，構成法定義務之違反，而負債務不履行責任。

如本人之指示內容所涉者，並無根本拒絕管理人的管理事務之承擔與實施，僅指示應如何繼續管理時，管理人僅在後續的管理事務實施上違反本人之指示時，其僅負有債務不履行之責任，並不影響其過去在適法無因管理或不適法無因管理之判斷。如於颱風天前夕管理人為本人修補柵欄，本人指示應使用特定品質以上之木材時，管理人違反本人之指示而未使用此等材質之木材，僅因管理事務之實施不符本人之意思，構成第一七二條後段法定義務之違反，而負債務不履行之責任。同樣的，如本人之指示內容係同意管理事務之承擔與實施，管理人卻不願繼續管理而中斷管理行為時，管理人此時關於管理事務之實施即違反本人指示之意思，此構成第一七二條後段法定義務之違反，而負債務不履行之責任。

本人指示之內容，如為同意或要求續行管理，指示內容或涉及管理事務之具體實施方式，或對於實施之方式保持開放任令管理人決定。第一七二條

---

⑫ 本人有指示但係拒絕其管理之情形，管理人應不再繼續管理，如仍進行管理，乃違反本人意思而管理，應負第一七四條之無過失賠償責任，及適用第一七七條之規定。王著，頁389以下；鄭著，頁108以下；孫著，頁126。

後段關於管理人管理事務之實施須符合本人意思與利益的要求，並未限於規範管理人通知本人前之行為，其亦規範經本人指示後之管理人行為。故而，管理人於本人指示續行管理後拒絕繼續管理時，管理人該未續行管理行為將違反本人意思，且不符本人利益，將構成第一七二條後段法定義務之違反，而負債務不履行之責任。申言之，於本人指示之內容為續行管理時，管理人即負有繼續管理之義務。❸ 此一管理人繼續管理義務之導出，特別是在本人能接手管理自己事務前，具有重大實益。蓋管理人一旦為管理事務之承擔，一方面管理人於通知本人之前有繼續管理之義務❹，另一方面，經管理人通知本人，於本人指示續行管理後，管理人仍負有繼續管理之義務。❺

(四)通知後本人不進行指示之處理

如經管理人通知本人，本人並無指示時，解釋上亦應視為本人拒絕管理人關於管理事務之任何承擔與實施，管理人即不應進行管理❻，續行管理將

---

❸　學說上肯定管理人除有不得已之情形外，有繼續管理義務者，邱著，頁 96。

❹　參見「第八章、十一」之說明。

❺　同樣認為，經管理人通知本人，本人同意管理之情形，管理人有繼續管理之義務，惟係基於第一七八條，黃立著，頁 186。不同見解認為，在本人指示同意管理人之管理，而可繼續管理之情形下，管理人於終止管理反較未為開始管理有害者，管理人方有繼續管理之義務。鄭著，頁 108 以下。此說認為，於本人指示繼續管理之情形，如管理人終止管理並無不利於本人，管理人即無繼續管理之義務。此說不問管理人終止管理是否違反本人之意思，僅視終止管理是否不利於本人，來決定管理人之終止管理是否違反法定義務，及決定管理人是否負有繼續管理之義務。學說上亦有認為，應類推第五四九條第二項，管理人於不利本人時期終止時，應負損害賠償責任，但不可歸責於管理人之事由，致不得不終止管理者，不在此限。王著，頁 390。申言之，此說同樣認為，管理人終止管理時並無不利於本人時，管理人並無繼續管理之義務，即便終止管理違反本人之意思，仍不構成法定義務之違反；管理人僅於終止管理不利於本人時，方有繼續管理之義務，終止管理始構成法定義務之違反而負賠償責任。

❻　於通知本人後本人無指示之情形下，管理人應不再繼續管理。如仍進行管理，乃違反本人意思，應負第一七四條之無過失賠償責任。鄭著，頁 108 以下。本說似認為，於本人無指

違反本人之意思。❶申言之，於管理人通知本人、在等待本人指示時，事務管理本處於停止之狀態，本人之不指示即默示將此一停止狀態延續下去。如本人並無指示之情形，管理人仍續行管理行為，則此一階段之管理應認為管理事務之承擔不符合本人之意思，而構成不適法無因管理，管理事務之實施將因不符合本人之意思，而構成法定義務之違反。

㈤涉及公益管理下本人指示之拘束性

於管理涉及公益管理時，一方面可適用第一七六條第二項，於管理人在管理事務之承擔上不符合本人所指示之意思或管理人並無指示時，其管理事務之承擔仍為適法無因管理，即可忽略本人之指示或不指示。此諸如，本人在電話中不同意管理人照顧迷路之小孩，令其繼續迷路之情形，因本人意思違反其應履行之法定扶養義務且違反公序良俗，管理人之管理雖違反本人意思，仍構成適法無因管理。另一方面，於管理事務之實施不符合本人所指示之意思或管理人並無指示時，仍可類推適用第一七四條第二項及第一七六條第二項之規定，來忽略本人之指示或不指示，使該管理事務之實施不構成第一七二條後段法定義務之違反。此諸如，本人在電話中同意管理人照顧迷路之小孩，但在電話中要求管理人先代為體罰之情形，管理人雖未依本人指示體罰小孩而違反本人意思，其仍不構成法定之債的債務不履行。

示之情形，管理人如繼續進行管理，即不符本人意思，而違反第一七二條後段之法定義務。

❶ 惟有不同見解認為，本人接到管理人之通知後，竟未指示，即係明知有管理之事實而保持沉默，管理人繼續管理事實時，難認為違反本人意思而為管理。孫著，頁132註4。亦有見解認為，於通知本人後本人未有指示時，如繼續管理對本人較為有利，管理人方負有繼續管理之義務，惟管理之終止較繼續管理對本人有利者，管理人可終止管理者，林著，頁252。前揭見解似認為，本人無指示之情形，由於本人並無意思，管理人無論是否繼續管理均不會違反本人之意思，中斷管理是否構成法定義務之違反，將取決於是否符合本人之利益。

二、計算義務（報告義務、返還義務、支付利息義務）

(一)概　說

第一七三條第二項規定:「第五百四十條至第五百四十二條關於委任之規定，於無因管理準用之。」而第五四〇條規定:「受任人應將委任事務進行之狀況，報告委任人，委任關係終止時，應明確報告其顛末。」第五四一條第一項規定:「受任人因處理委任事務，所收取之金錢物品及孳息，應交付於委任人。」第五四一條第二項規定:「受任人以自己之名義，為委任人取得之權利，應移轉於委任人。」第五四二條規定:「受任人為自己之利益，使用應交付於委任人之金錢或使用應為委任人利益而使用之金錢者，應自使用之日起，支付利息。如有損害，並應賠償。」此等義務，總稱受任人之「計算義務」，涵蓋報告義務、交付及移轉義務（轉付義務）及支付利息與損害賠償義務。

申言之，第一七三條第二項所準用者，乃委任規範下關於受任人之計算義務。無因管理須管理人未受本人之委任方能成立，然因此等規範上之準用，管理人仍負有與受任人相同之計算義務。[18] 且此乃管理人於管理事務實施階段的法定義務，不論是適法或不適法無因管理均有適用。違反此等法定義務時，即依債務不履行之規範，負有法定之債的債務不履行損害賠償義務。[19]學說上有強調此等計算義務為管理人之從給付義務[20]，或有謂附隨義務[21]。此特別是不法管理依第一七七條第二項準用第一七七條第一項不適法無因管

---

[18] 德國民法第六八一條第二句同樣規定，第六六六條至第六六八條適用於受任人之規定，亦準用於管理人之義務上。而第六六六條為受任人之報告及計算義務 (Auskunfts- und Rechenschaftspflicht)、第六六七條為返還義務、第六六八條為就所使用之金錢的支付價金義務。

[19] 黃立著，頁 187。

[20] 王著，頁 390。

[21] 邱著，頁 97。

理之情形，再依第一七三條第二項準用第五四一條時，將使不法管理人負有
義務將所收取之金錢或取得之權利全部交付或移轉於本人，特別具有實益。❷

(二)報告義務

依第一七三條第二項準用第五四〇條規定，管理人應將管理事務進行之
狀況報告本人，管理關係終止時，應明確報告其顛末。故而，管理人除依第
一七三條第一項前段之規定，須於開始管理時負有通知本人之義務外，於管
理事務進行中及管理關係終止後，尚就管理事務進行狀況及其顛末負有報告
義務 (Auskunftspflicht)。此一報告義務之規範目的在於使管理人有可能來確
認必要的事實，使其對於本人得主張相關之權利。❷

(三)交付及移轉義務（轉付義務）

依第一七三條第二項準用第五四一條第一項規定，管理人因管理事務所
收取之金錢、物品及孳息，應交付於本人；依第一七三條第二項準用第五四
一條第二項規定，管理人以自己之名義，為本人取得之權利，應移轉於本人。
此等交付及移轉義務，亦有謂轉付義務。❷德國民法第六八一條第二句所準
用之第六六七條，其用語為返還義務 (Herausgabepflicht)。不論是適法或不適
法無因管理，管理人均負有此等義務。於適法無因管理下，管理人就所得利
益當然負有交付義務，於不適法無因管理下，本人願享有因管理所得之利益
時，管理人就所得利益亦負有交付義務。❷

此一所得利益交付及移轉義務極具實益。蓋管理人管理事務實施之行為，

---

❷　學說上強調此一意義者，林著，頁 253。

❷　Schwarz/Wandt, §5 Rdnr. 84.

❷　邱著，頁 97。

❷　於不適法無因管理之情形，須本人表示其願享有因管理所得之利益時，管理人方負有交付
　　所收取之金錢、物品、孳息及移轉所取得之權利的義務，且本人僅在所得之利益範圍內，
　　負有第一七六條第一項之費用償還、債務清償及損害賠償請求權。如本人未表示願享有因
　　管理所得之利益時，本人與管理人之關係應依侵權行為與不當得利之規範處理。

多以管理人自己之名義與第三人進行負擔行為與處分行為，並能自第三人處取得對待給付之所有權，本人並未因管理人之管理行為而取得所有權，其無法依第七六七條所有物返還請求權來請求管理人交付該對待給付。此特別是管理人無權處分本人之物以取得對待給付時，無論本人是否承認管理人之無權處分，管理人之管理行為將使本人喪失經無權處分之物的占有，管理人卻能取得對待給付的所有權時，本人將受有不利益。故而，在規範上透過第一七三條準用第五四一條第一項規定，課予管理人此一交付義務，將能使本人能夠取得因管理事務所收取之對待給付的所有權或取得之權利，享有管理之成果。

而此一交付及移轉義務，於管理人於管理事務之承擔時尚有管理意思，而後管理人見有利可圖或反悔，拒絕將所收取之物或取得之權利交付或移轉給本人之情形，將特別具有實益。如前所述，無因管理法律關係之成立，以管理人於管理時具有管理意思已足，不因嗣後喪失管理意思而影響已成立之無因管理法律關係，管理人即已負有交付或移轉之法定義務，管理人將因拒絕交付，而構成法定之債的債務不履行損害賠償責任。此諸如管理人本出於為本人管理事務之意思，主動為本人向第三人購買本人所企求之特定郵票並受讓之，管理人後來發現該郵票價值有持續上漲之空間，或其市價遠超過其所購入的價格，故而扣住郵票而拒絕交給本人，同時並拒絕本人所欲償還管理人所支出費用之情形。由於無因管理法律關係已有效成立，依第一七三條準用第五四一條第一項規定，管理人即負有交付所收取之物品或移轉所取得之權利的法定義務，管理人將因該法定義務之違反，而負債務不履行之損害賠償責任。

此外，於管理人以自己名義無權處分本人之物，管理人並自第三人處取得對待給付的所有權之情形，如本人承認無權處分，使管理人效力未定之無權處分成為有效，第三人即取得本人之物的所有權，此時本人本有依第一七三條準用第五四一條第一項請求管理人移轉其自第三人處取得對待給付所有

權的正當基礎。即便本人不承認管理人之無權處分，解釋上仍應使本人可依第一七三條準用第五四一條第一項向管理人請求因管理事務所收取之物，蓋因管理人之管理行為，本人就其所有物已因而失去占有時，肯定本人此一請求權對本人較為有利。至於本人是否可成功向第三人追回其被處分之標的，係屬另一問題。

　　管理人因管理事務所收取者，可以是金錢。如於夜市中相鄰兩個攤位，管理人出於為本人管理之意思，幫臨時不在攤位上的本人出賣商品，管理人雖以自己名義出賣他人（本人）之物，其買賣契約仍為有效，並有效受讓買賣價金所有權，基於該買賣契約所得到的價金在所有權歸屬上雖屬於管理人，因第一七三條第二項準用第五四一條第一項之規定，管理人於本人回到攤位時，負有將所受領之價金交付給本人之法定義務。管理人透過事實行為進行管理之情形，如幫本人收受保管貨運公司配送過來的原物料，管理人亦應於本人回到攤位時，負有義務將所受領原物料交付給本人。

　　管理人因管理事務所收取之物品，亦可能是其他動產或不動產。管理人取得動產之情形，如管理人於颱風前夕，為本人購買材料修補其柵欄，修補至一半，本人即時趕回家，管理人應將所購買之剩餘材料交付本人。管理人為本人取得不動產之情形，如管理人為在國外度假的本人購買其夢寐以求之畸零地。管理人為本人收取孳息之情形，如管理人為本人收取金錢後，存入銀行所得之利息，或管理人為本人管理誤闖入其農場的雞隻後，收取所生之雞蛋。

　　依第一七三條第二項準用第五四一條第二項之規定，管理人因管理事務，以自己名義為本人所取得之權利，應移轉於本人。管理人為本人所取得之權利，可能為債權，亦可能為物權，如抵押權、質權、不動產役權、農育權，亦可能為準物權，如取得商標權、專利權。

　　如管理人為本人所取得之權利為債權，依第一七三條第二項準用第五四一條第二項之規定，管理人須將該債權移轉給本人。管理人將對於債務人（第

三人）之債權讓與本人時，該債權讓與雖於讓與合意時已於管理人與本人間生效，惟尚須由管理人或本人通知債務人，方能使債權讓與對於債務人生效（第二九八條），使本人能對債務人主張債權。此諸如夜市中相鄰兩個攤位，管理人以自己名義幫臨時不在攤位上的本人出賣商品，於買賣契約有效成立後，管理人即對買受人取得價金請求權。如買受人並未即時交付價金，係前往提款機提領現金，於本人返回攤位時，管理人應將此一價金請求權讓與本人，並通知買受人，使本人得對買受人直接主張價金請求權，管理人即不得再對買受人主張價金請求權。

　　管理人因管理事務，以自己名義為本人所取得者，尚有可能是物權。於擔保物權之情形，如抵押權、質權。如管理人為本人出售本人過去難以售出的畫作時，管理人除對於買受人取得債權外，另外要求買受人提供不動產來設定抵押以擔保該債權，而亦對買受人取得抵押權之情形。因抵押權屬債權之擔保，將因管理人將債權讓與給本人，而隨同移轉給本人（第二九五條）。於用益物權之情形，如農育權、不動產役權。如本人夢寐以求希望能在特定之他人土地上享有種植葡萄之權利，管理人為本人取得此等農育權時，須將該農育權移轉給本人。又如管理人因管理事務，以自己名義為本人所取得者除不動產外，尚包括以該不動產為需役不動產之不動產役權時，因不動產役權為從屬於需役不動產之權利，將因該不動產讓與給本人，使不動產役權隨同移轉給本人。

　　管理人為本人所取得之權利為準物權之情形，如管理人主動為本人購買本人所需商標之商標權，或本人所需專利之專利權，依第一七三條第二項準用第五四一條第二項之規定，管理人須將其所受讓之商標權或專利權，移轉與本人。

　　如管理人以自己名義締結契約，其欲移轉與本人者，非僅是債權或其他權利（如物權、準物權），而是將管理人之契約當事人地位，如出賣人之地位，移轉與本人，即所謂之「契約承擔」，於管理人基於契約所生當事人之地

位有效移轉與本人後，管理人為本人所取得之權利即當然移轉於本人，此亦符合第一七三條第二項準用第五四一條第二項之法定要求。惟在移轉契約當事人地位之過程中，如欲使該契約地位之移轉生效，尚須經債務人（如買受人）之同意，管理人為本人所取得之權利方能隨之移轉於本人。❷❻蓋於雙務契約下之契約承擔，管理人須移轉與本人者，除對於買受人之債權外，管理人同時亦將對買受人之債務移轉與本人，本人須承擔管理人對於買受人之義務，故依債務承擔之規範，此須經買受人之同意，始生效力（第三〇一條）。

此外，如管理人係以本人名義與第三人進行負擔行為與處分行為時，係屬無權代理，倘經本人承認無權代理，就管理人因此所收取之物，本人即成為所有權人，本人即得依第七六七條行使所有物返還請求權，管理人即應返還本人。此時無庸適用第一七三條第二項準用第五四一條第一項規定，來請求管理人交付。

管理人如係以本人名義與第三人進行負擔行為與處分行為，如本人依第一七〇條拒絕承認管理人之無權代理行為時，一方面無權代理行為即對本人不生效力，本人即非契約當事人，且就管理人因此管理行為所收取之物，本人亦非所有權人，管理人所收取之物之所有權仍屬第三人，本人無從依第七六七條請求管理人返還。惟此時仍不妨認為，本人得依第一七三條第二項準用第五四一條第一項向管理人請求交付因管理行為所收取之物，蓋規範上並未排除本人拒絕承認無權代理時請求交付之權，且本人本有不成為契約當事人之權，不應使其行使拒絕承認之權利而喪失交付請求權。此特別是在本人已因管理人之管理行為而失去其所有物占有，如經交付給第三人時，本人如能就管理人自第三人處所收取之物行使交付請求權，將特別具有實益。至於管理人（無權代理人）是否須依第一一〇條對於第三人負無權代理人之賠償

---

❷❻　學說上強調應區別管理人移轉所取得之權利（如債權讓與）與管理人移轉契約當事人地位（契約承擔）者，王著，頁391註4；孫著，頁134註6。

責任、第三人是否對於本人主張所有物返還請求權，則係另一問題。此諸如，管理人以本人名義出賣本人所有物與第三人，並自第三人處取得價金，於本人拒絕承認該無權代理行為時，就管理人已自第三人處取得之價金，本人仍得請求管理人交付之。

㈣支付利息與損害賠償義務

　　第一七三條第二項準用第五四二條規定，管理人為自己之利益，使用應交付於本人之金錢或使用應為本人利益而使用之金錢者，應自使用之日起，支付利息；如有損害並應賠償。此等義務即管理人支付利息與損害賠償義務。

　　管理人於管理事務之實施時，為自己利益，使用應交付於本人之金錢或應為本人利益而使用之金錢，其管理事務之實施已違反本人明示或可得而知的意思或利益，而構成法定義務之違反，管理人須支付利息並負損害賠償義務。此乃第一七三條第二項準用第五四二條所創設出的特殊的損害賠償義務，使本人無庸再援引第一七二條後段及債務不履行之規範來向管理人求償。❷⑦

　　解釋上，第一七三條第二項準用第五四二條後段之賠償責任為無過失責任，蓋其賠償義務之發生並未以管理人之故意或過失為前提。故而，對於損害造成之本身並無過失，由於其為自己利益而使用應交付於本人之金錢或應為本人利益而使用之金錢在先，故令管理人負無過失之賠償責任尚難謂嚴苛。由於第一七三條第二項準用第五四二條後段之賠償責任不以故意過失為前提，相較於依第一七二條後段及債務不履行之規範來向管理人求償，尚須以管理人可歸責為前提，前者乃立法者賦予本人較為有利之特殊求償規範。

　　於管理人為自己利益，使用應交付於本人之金錢之情形，例如夜市中相鄰之兩個攤位，管理人為臨時離開之本人出售商品所取得之價金，本應依第

---

❷⑦　於德國民法之規範中，第六八一條第二句所準用第六六八條之規定中，僅有相當於我國民法第五四二條前段的支付利息義務，並無相當於我國民法第五四二條後段的損害賠償義務。

一七三條第二項準用第五四一條第一項之規定交付給本人，然管理人卻逕自挪用來償付其積欠廠商之貨款時，於本人返回後，管理人除負有義務交付原本應交付本人之款項外，並應自使用之日起支付利息。於管理人為自己利益，使用應為本人利益而使用之金錢的情形，如前例中，管理人代為管理本人之攤位，除使用本人收銀機中之金錢找錢給本人之顧客外，也挪用本人收銀機中之金錢來償付管理人積欠廠商之貨款時，管理人除應返還經挪用之金錢外，並應自使用之日起支付利息。

　　管理人為自己利益，使用應交付於本人之金錢或應為本人利益而使用之金錢時，造成損害而應負賠償之情形，如前例中，管理人代為管理本人之攤位，除使用本人收銀機中之金錢找錢給本人之顧客外，並挪用本人收銀機中之金錢來對於管理人自己的顧客找錢之際，因打翻本人收銀機中之零錢盒，部分金錢落入排水溝中而無法尋獲，使本人受有損害之情形。即便管理人打翻零錢盒本身並無過失，如面對突然間失控車輛衝撞之情形，然就本人所損失之金錢，管理人仍應對本人負無過失的損害賠償之責。

第 *10* 章
管理人之義務(三)：
管理人賠償責任之加重減輕與侵權行為責任

●、違反本人意思時管理人之無過失賠償責任

(一)賠償責任加重之規範

　　民法第一七四條第一項規定，管理人違反本人明示或可得推知之意思，而為事務之管理者，對於因其管理所生之損害，雖無過失，亦應負賠償之責。第一七二條以下之無因管理規定雖未就一般無因管理下管理人之注意義務進行規範，但第一七四條第一項卻就管理人違反本人意思的特殊情形規範管理人注意義務，即無過失之賠償責任。

　　申言之，第一七四條第一項乃對管理人於違反本人意思時之賠償責任加重規範。但在第一七二條後段規範結合債務不履行之規範時，管理人在管理事務之實施上，本應依第二二〇條第一項負有善良管理人之注意義務，即抽象輕過失之賠償責任。而此經第一七四條第一項特別規定之修正，將使管理人對本人之賠償義務提升至「無過失責任」。❶學說上即強調，管理人於違反本人意思時，縱令管理人無其他應歸責於己之過失，仍應就偶然的損害負賠償責任。❷

　　此諸如，本人不欲修理收訊有瑕疵的收音機，管理人擅取至電器行修理，途中因不可抗力發生車禍致收音機毀滅，就收音機之毀滅管理人即便無過失、

---

❶　學說上多強調本條為無過失責任之規範。孫著，頁 123；鄭著，頁 106；邱著，頁 96；黃立著，頁 191 以下。不同見解認為，管理人已違反本人意思，故本條之無過失，應係指無其他過失，嚴格來說，本條應非無過失責任。林著，頁 248。

❷　史著，頁 63。

無可歸責事由，仍負無過失賠償責任。由於第一七四條第一項已提升至無過失賠償責任，解釋上將因請求權間交互影響，即便管理人無過失、無可歸責事由，管理人仍構成債務不履行之不完全給付，而負有加害給付之損害賠償責任（第二二七條第二項），管理人其侵權行為之損害賠償責任亦提升至無過失責任，而構成三者損害賠償請求權之競合。

此一違反本人意思時之無過失賠償責任，係指管理人對於本人之賠償責任提升至無過失責任。申言之，條文中「因管理所生之損害」係指對於本人所生之損害。蓋管理人違反本人意思進行管理，僅應提高管理人對於本人之注意義務，不應使管理人對於其他人之注意義務亦一併提高。故而，管理人在違反本人意思進行管理時，如對於第三人造成損害，管理人對於第三人之賠償責任仍不適用本規定，而適用侵權行為之規範，即抽象輕過失的賠償責任。蓋管理人並非違反本人以外之人的意思，自無庸加重其對其他人之注意義務。

㈡管理事務之承擔違反本人意思的情形

如前所述❸，適用民法第一七四條第一項為事務之管理違反本人意思而應提升至無過失賠償責任之情形，係指管理事務之承擔違反本人意思時，使管理人在管理事務之實施上將賠償責任提升至無過失賠償責任。❹其並非指管理人在管理事務之實施上違反本人意思時，將賠償責任提升至無過失賠償責任。蓋對照第一七二條後段，民法第一七四條第一項的用語並非「事務管理之方法違反……意思」，而可認為條文中「事務之管理」並非指管理事務之實施階段，係指管理事務之承擔本身。此外，解釋上也應認為僅限於管理事

---

❸　參見「第七章、六」之說明。

❹　同樣認為第一七四條第一項前段之「而為事務之管理」係指管理事務之承擔者，王著，頁372、398；史著，頁63。於德國民法中，第六七八條即規定：「管理事務之承擔與本人之真實或可得而知的意思相矛盾時，且就此管理人應知悉者，管理人即便無其他過咎，仍應就管理事務所生損害負賠償責任。」

務之承擔本身有違反本人意思時，賠償義務方提升至無過失責任，而不同時包括管理事務之承擔或管理事務之實施其中擇一有違反本人意思之情形。

第一七四條第一項限於管理事務之承擔違反本人意思方有適用，使管理事務之承擔符合本人意思的情形時，管理人之賠償義務無庸提升至無過失賠償責任，在解釋上亦較符合事理之平。蓋倘不區分管理人於管理事務之承擔階段是否違反本人之意思，僅因在嗣後管理事務之實施上有違反本人意思之情事，即令管理人之賠償責任提升至無過失責任，對於管理事務之承擔符合本人意思，但僅在管理事務之實施上方違反本人意思之管理人，相較於在管理事務之承擔及實施上均違反本人意思之管理人，二者均同樣提升至無過失責任，前者將難得事理之平，而應排除在第一七四條第一項適用範圍外，仍適用抽象輕過失責任。故第一七四條第一項僅應限於管理事務之承擔不符合本人意思時，管理人之賠償責任方提升至無過失賠償責任。

再者，無因管理本質上係干涉他人事務，而有必要要求管理人在更早的階段，即管理事務之承擔上就必須符合本人之意思，並賦予違反時須負無過失責任之效果。故而，在民法第一七四條第一項之解釋上，要求管理人在管理事務之承擔階段上即須符合本人意思者方不提升至無過失責任，相較於不問管理事務之承擔階段是否符合本人意思，而遲至管理事務之實施階段上始要求符合本人意思者方不提升至無過失責任，前一解釋方能促使管理人在介入他人事務時更為審慎。在此一解釋下，使管理事務之承擔違反本人之意思，但在管理事務之實施上符合本人意思之管理人者，其賠償責任將提升至無過失責任，亦屬公允。故而，第一七四條第一項前段條文中之「而為事務之管理」之「管理」僅應限於管理事務之承擔，在概念上與第一七四條第一項後段「因其管理所生之損害」之「管理」解釋上係指管理事務之實施不同。

管理人就管理事務之承擔是否違反本人意思，與管理人就管理事務之實施所生損害是否有過失而須負賠償責任，本屬不同之概念。如管理人管理事務之承擔不違反本人意思，管理人對於因管理所生之損害，於管理事務之實

施上並無過失時並不負賠償責任，其僅於有過失時方負賠償責任。管理人於管理事務之承擔如違反本人意思，對於因管理所生之損害，倘於管理事務之實施上並無過失時原無庸負賠償責任，僅於有過失時始負賠償責任；惟經第一七四條第一項之調整，管理人倘於管理事務之承擔上違反本人意思，對於因管理所生之損害，即便管理事務之實施上並無過失，仍應負賠償責任。

(三)獨立的損害賠償義務規範

於管理人管理事務之承擔違反本人意思時，第一七四條第一項本身即獨立的損害賠償義務規範。蓋條文並非採取「雖無過失，亦應負責」之用語，而係採取「雖無過失，亦應負賠償之責」之用語。故而，第一七四條第一項除加重管理人之注意義務至不可抗力之無過失責任外，其本身亦構成損害賠償獨立規範。

申言之，管理事務之承擔違反本人意思時，因管理事務之實施所造成之損害，不問就損害之發生管理人是否有過失，亦不問管理事務之實施是否有違反本人之意思或利益，管理人均當然負賠償責任。此不同於管理人管理事務之承擔不違反本人意思時，管理人賠償責任之基礎係在其管理事務之實施有違反本人之意思或利益之法定義務的情事，而依第一七二條後段結合債務不履行之規範，負債務不履行之賠償責任。以不完全給付為例，其係以可歸責於債務人為前提（第二二七條），管理人仍須有過失方負賠償責任（第二二〇條）。

(四)同時構成不適法無因管理

管理人賠償責任提升至無過失賠償責任之情形為，管理事務之承擔不符合本人意思的情形，不論管理人管理事務之承擔是否符合本人利益，其必然同時構成不適法無因管理。反之，賠償責任不提升至無過失賠償責任規範的情形，除公益管理外，必然為管理事務之承擔符合本人意思之情形，而不論其管理事務之承擔是否符合本人利益。而此可能屬適法無因管理，即管理事務之承擔同時符合本人之意思與利益者；亦可能屬不適法無因管理，即管理

事務之承擔符合本人之意思但不符合本人之利益。

　　應強調者，適用第一七四條第一項之情形，其同時構成不適法無因管理，然並非所有不適法無因管理均有第一七四條第一項無過失賠償責任之適用。蓋同屬不適法無因管理之情形，除管理人管理事務之承擔不符合本人意思而負無過失賠償責任情形外，概念上尚包括管理人管理事務之承擔符合本人意思但不利於本人之情形，而此一情形並不合於第一七四條第一項的要件，仍負抽象輕過失之責任。❺與此相對，適法無因管理在管理事務之承擔上須同時符合本人之意思與利益，其必然是管理事務之承擔符合本人意思的情形，因此亦必然無第一七四條第一項規定之適用可能，而始終負抽象輕過失之賠償責任。

㈤不問管理事務之實施是否符合本人意思

　　經此解釋，對於管理人管理事務之實施上的賠償責任之主觀要求，將因管理人在管理事務之承擔上是否違反本人意思，而有不同。如管理人於管理事務之承擔已違反本人意思時，無論在管理事務之實施上是否符合本人之意思或利益，管理人就因其管理所生之損害，均負無過失賠償之責。然而管理人在管理事務之承擔上違反本人意思，但管理事務之實施上卻又能符合本人意思者，乃極端之情形，在概念上不易想像。

　　倘管理人於管理事務之承擔本身不違反本人之意思，不論其管理事務之實施是否符合本人之意思，因其管理所生之損害，仍依第一七二條後段規範結合債務不履行之規範，負抽象輕過失之賠償責任，而無無過失責任規範之適用。於此情形，即便在管理事務之實施上有違反本人之意思或利益之情事，管理人之賠償責任仍不提升至無過失責任。❻在個案中，管理人管理事務之

---

❺　見下述「一、㈦」之說明。

❻　學說上同樣強調，管理之承擔不違反本人明知或可得推知的意思者，管理人就其事務之管理行為（管理方法）所致生於本人之損害，以有故意或過失時為限，始負賠償責任，換言之僅就債務不履行負其賠償責任（第一七二條、第二二○條第一項），史著，頁63。

承擔上不違反本人意思，但管理事務之實施上卻違反本人意思者，在概念上並不難想像，特別是本人希望能有人為管理行為但管理人之管理手段上未合本人之意思的情形。

例如本人因其金魚體質特殊，故於魚缸上明白揭示，任何人於任何情形均不要餵食其飼養之金魚。一日，本人臨時外出徹夜未歸，其室友（管理人）逕餵食本人飼養之金魚，即便管理人於飼料之給與過程（管理事務之實施）上符合一般金魚之食量而無過失，金魚仍因進食而暴斃，因管理人在管理事務之承擔上已違反本人之意思，其仍就管理事務之實施上造成本人之損害，對於本人負無過失的賠償責任。又例如，本人曾表示不希望他人未經其同意餵食其飼養之金魚，而經其同意之餵食每次以五公克飼料為限，管理人未經同意主動餵食之行為在管理事務之承擔上已違反本人之意思，即便其飼料僅給與五公克符合管理人揭示之量，而在管理事務之實施上不違反本人之意思，然於金魚暴斃時，仍有無過失責任規定之適用。

反之，如本人曾表示，希望能有人於本人不在時代為餵食所飼養之金魚，但每次以十公克飼料為限。於本人臨時外出徹夜未歸時，其室友（管理人）逕餵食本人飼養之金魚，惟倒入十二公克，金魚於進食後暴斃。管理人之餵食金魚行為，在管理事務之承擔上符合本人意思，管理人之賠償義務並不提升至無過失責任；而其倒入十二公克飼料，雖在管理事務之實施上違反本人之意思，倘認為此尚符合一般金魚之食量而屬無抽象輕過失時，管理人仍不負賠償責任。

㈥管理事務客觀上違反本人意思已足

管理人管理事務之實施上無過失損害賠償責任之發生，僅管理人就管理事務之承擔客觀上有違反本人明示或可得推知之意思的情事已足，而不問管理人主觀上是否知悉本人之意思、或主觀上是否知悉其管理係屬違反本人之意思。此外，亦不問管理人其不知悉或錯誤理解本人之意思是否有過失，且亦不問管理人在違反本人之意思上是否有過失。❼

㈦不問管理事務之承擔是否利於本人

第一七四條第一項之適用，管理人僅管理事務之承擔違反本人意思已足，管理人之賠償責任即提升至無過失責任，而不問管理事務之承擔是否有利於本人。❽申言之，管理人管理事務之承擔一旦不符合本人之意思時，即便其承擔利於本人，在規範上仍符合第一七四條第一項之適用前提，而不阻卻其責任提升至無過失責任。再者，第一七四條第一項之適用，並非以不適法無因管理為前提。管理事務之承擔符合本人之意思時，即便承擔不利本人而屬不適法無因管理，在規範上仍與第一七四條第一項之適用前提不符，而仍負抽象輕過失之責任，並不因管理事務之承擔不利於本人而使責任提升至無過失責任。

管理事務是否「符合本人意思」與「利於本人」在概念上固屬可分，惟究其實際，在管理事務之承擔階段，不符本人意思但符合本人利益的管理事務之承擔，或符合本人意思但不符本人利益的管理事務之承擔，並不多見，蓋可期待本人多有利己思想下，就管理事務之承擔而言，本人所採取之明示意思或可得推知意思多會符合本人利益，並有理由可認為，符合本人利益之管理事務之承擔至少能符合本人可得推知意思。故而，管理人符合本人意思的管理事務之承擔，通常也能符合本人之利益；管理人符合本人利益的管理事務之承擔，也可認為係多少符合本人可得推知之意思，而不提升至無過失

---

❼ 學說上強調，管理人違反本人意思而為管理，對於本人明示或可得推知之意思為何，管理人之認知有誤，縱無過失，仍有本條無過失賠償責任之適用，且即便管理人非因過失而不知本人之意思，亦不能解為應予免責之事由。孫著，頁 123、133 註 2。不同見解認為，管理事務之承擔與本人之意思或可得而知的意思衝突，而其衝突為管理人所知或應知者，方負第一七四條之賠償責任。史著，頁 63。於德國民法之規範中，第六七八條則要求，管理人須可得而知其管理事務之承擔與本人之實際或可得而知的意思相矛盾時，就管理所生之損害，方於無其他過失時仍負賠償責任。

❽ 邱著，頁 93。

責任。管理人不符本人意思的管理事務之承擔，通常也不符本人利益；管理人不符本人利益的管理事務之承擔，多少也不符本人可得推知的意思，而適用第一七四條第一項提升至無過失責任。

惟個案中，仍有可能出現管理事務之承擔違反本人意思但有利於本人之情形。如本人之意思屬損害自我利益，而管理人不順從本人意思而為管理事務之承擔的情形。此諸如本人曾明示不欲他人干涉其植物之生長，有病蟲害也無所謂，鄰人（管理人）噴灑農藥時，也順便為本人之植物噴灑農藥以防治病蟲害，而發生農藥污染本人農地土壤之損害事件，惟管理人就該損害事件之發生已盡善良管理人注意義務而無過失。即便防治病蟲害此管理事務之承擔有利於本人，管理人仍因管理事務之承擔違反本人意思，而依第一七四條第一項提升至無過失之賠償責任，而須加以賠償。

申言之，管理人管理事務之承擔客觀上已違反本人意思時，即便管理事務之承擔有利於本人，仍不阻卻其責任提升至無過失責任。對於明知或可得而知本人意思之管理人，此一結果尚公允，蓋管理人係知悉本人意思，且此時本可期待管理人在管理事務之承擔上採取符合本人意思之行為 ❾，管理人卻仍執意違反本人意思來干涉他人（本人）事務，即不應因該管理事務之承擔有利於本人而異其處理。然對於非明知且非可得而知本人意思之管理人，此一結果對其似過於嚴苛，然此乃立法政策上之問題，蓋現行法並不採取德國民法第六七八條之立法例，使管理人責任之提升須以管理人知悉其管理事務之承擔與本人意思矛盾為要件，故管理人將因客觀上違反本人意思而當然提升至無過失責任乃不得不然的結果。惟在個案中，倘本人無明示之意思，解釋上不妨寬認管理事務之承擔有利於本人時，係符合本人可得推知之意思，而僅需負抽象輕過失之責任。

與此相對，如管理人管理事務之承擔符合本人意思但不利於本人時，其

---

❾　即不進行管理，而不發生無因管理法律關係。

管理事務之實施是否提升至無過失責任，亦有爭議。蓋對照第一七六條之用語，第一七四條第一項僅就「管理人違反本人明示或可得推知之意思，而為事務之管理者」之情形，規範賠償責任提升至無過失責任，而並未就管理人管理事務不利於本人之情形，賠償責任是否亦提升至無過失責任加以規範，其究竟屬無意的疏漏或有意的省略，值得討論。

　　管理事務不利於本人之情形，與管理事務違反本人意思之情形同屬不適法無因管理，衡量第一七四條之立法意旨，當然亦適用第一七四條第一項，給予相同的責任標準，而不論管理事務之承擔是否違反本人意思。❿惟此使管理人管理事務之承擔即便符合本人意思，將僅因其不利於本人，賠償責任即提升至無過失責任，與第一七四條第一項「管理人違反本人明示或可得推知之意思」之法定要件不合，並使第一七四條第一項之法定要求實際上被擴張為「管理人違反本人明示或可得推知之意思，或管理事務不利於本人，而為事務之管理者」，涵蓋一切不適法無因管理之情形，造成管理人管理事務之承擔須同時符合本人之意思與利益，方無庸提升至無過失責任，增加了條文所未規定之限制，對其過於嚴苛。

　　解釋上應認為，管理事務之承擔僅不利於本人，但不違反本人意思之情形，並不符合第一七四條第一項之要件，仍適用抽象輕過失之賠償責任。申言之，管理事務之承擔是否「符合本人意思」與是否「利於本人」係屬不同之概念，不利於本人者並不當然能充足違反本人意思之內涵。並應認為，賠償責任提升至無過失責任畢竟屬於例外，而應從嚴解釋，即便符合本人意思但不符合本人利益之管理係屬不適法無因管理之範疇，然管理人管理事務之承擔畢竟仍符合本人意思，且本人意思已自行放棄其利益，本無從要求管理人尚須符合本人利益方無庸提升至無過失責任。故於管理事務之實施上發生損害時，令管理人所負之責任仍維持在抽象輕過失責任，而非提升至無過失

---

❿　林著，頁 249。

責任，本屬公允。故而，管理人管理事務之承擔符合本人意思時，即無第一七四條第一項之適用，即便管理事務之承擔係不利於本人，管理人之賠償責任均不提升至無過失責任。

　　管理事務之承擔符合本人主觀上之意思，但不符合本人客觀上之利益的情形，即本人之意思客觀上屬傷害自我利益，而管理人順從本人意思的情形。例如剛繼承土地對於務農不瞭解的本人，其曾表示希望清除休耕農地中之蚯蚓，然蚯蚓有益於農地生產力之維持，清除農地中蚯蚓客觀上係不利於本人。而管理人於噴灑農藥時，即順便對於本人之土地噴灑農藥來為其清除蚯蚓，而損及本人於土地旁所飼養之家禽。此時，管理人清除蚯蚓的管理事務之承擔固符合本人意思，卻不符合本人之利益。但畢竟管理人管理事務之承擔係符合本人意思，故而就管理所造成之損害，管理人僅負抽象輕過失之賠償責任，係屬合理。

　　個案中較易發生者，為在管理事務之承擔上符合本人意思與利益，然至管理事務之實施階段始發生不利益於本人之情事。如本人曾明示希望有機會出賣自行車，管理人為本人出賣自行車，但出賣價格低於市價許多時，此時管理事務之承擔（為本人進行出賣之本身）符合本人之意思與利益，且屬適法無因管理，但管理事務之實施上（賣出的價格）不符合本人之意思與利益。此無第一七四條第一項之適用，管理人仍負抽象輕過失的賠償責任。

二、公益管理時提升至無過失賠償責任的排除

㈠構成公益管理之情形可忽略本人之意思

　　管理人違反本人意思時，不依第一七四條第一項提升至無過失責任之情形，第一七四條第二項僅規定管理人為本人盡公益上之義務，或為本人履行法定扶養義務，或本人之意思違反公共秩序善良風俗之三種情形。此三種法定列舉情形，因均涉及社會公益或道德，學說上合稱為公益管理。❶

　　將第一七四條第二項結合第一項規定視之，及依第三種態樣之用語「本

人之意思違反公共秩序善良風俗」來加以描述，第一七四條第二項實際上係指當本人之意思違反本人所應盡之公益上義務、所應履行之法定扶養義務此兩種具體情形、及當本人之意思違反公共秩序善良風俗時，即便管理人之事務管理係違反本人意思，仍無第一七四條第一項之適用。

　　對於第一七四條第一項在管理人違反本人意思時，將其賠償責任提高至無過失賠償責任之規範，第一七四條第二項規定為第一項適用之例外規範。即在第一七四條第二項法定列舉之三種公益管理情形下，管理人即便違反本人意思為事務管理而構成第一項之情事，仍不提高至無過失賠償責任。申言之，此時可忽略本人之意思或可忽視管理人違反本人意思為事務管理之情事。惟應強調者，管理人僅不因違反本人意思而提高至無過失賠償責任，並非一概不負賠償責任，管理人就第一七二條後段管理事務之實施時法定義務之履行，仍負過失的賠償責任。

　　如管理人管理事務之承擔並不違反本人意思時，即便事務涉及公益管理，本無第一七四條第一項提升至無過失責任規範之適用，而無庸討論其是否構成公益管理之態樣。申言之，管理人之公益管理，其管理事務之承擔可能符合本人意思，如本人因風災臨時無法回家煮飯，而鄰居主動買便當給本人之子女食用；管理人管理事務之承擔亦可能違反本人之意思，如本人曾明示拒絕履行扶養義務，以禁食來體罰子女，鄰居卻主動買便當給本人之子女。在涉及公益管理之情形，管理人如不違反本人意思時，無論是否符合本人之利益，本無第一七四條第一項之適用，而無庸適用第二項之例外規範；管理人如違反本人之意思，雖構成第一七四條第一項之情事，但依第二項之例外規範，排除其責任提高至無過失賠償責任。

　　涉及公益管理而管理人違反本人意思之情事時，其可能屬適法無因管理，亦可能屬不適法無因管理，惟均能因第一七四條第二項之適用，而無庸提升

⓫　邱著，頁93；林著，頁249。

至無過失責任。❶❷第一七六條第二項規定，於公益管理之三種情形，雖管理人管理事務違反本人之意思，仍有適法無因管理下之請求權。申言之，於公益管理下，除違反本人意思時不提升至無過失責任外，違反本人意思時亦不因此當然構成不適法無因管理，即可忽視適法無因管理其管理事務之承擔須符合本人意思之要求。公益管理下適法無因管理之成立，僅要求管理事務之承擔須符合本人利益。故而，即便管理人違反本人意思，於公益管理下，如其符合本人之利益時即屬適法無因管理，不符合本人之利益時方構成不適法之無因管理。

此外，第一七五條緊急管理之規範，直接規定管理人僅就惡意或重大過失負責，於符合緊急管理規範要件時，不問管理人是否違反本人意思，將因第一七五條之適用而不負無過失責任，此與第一七四條第二項有相同之效果，但並非適用公益管理而例外不提升至無過失責任規範之結果。惟在個案中不乏可同時符合公益管理與緊急管理之情形，如管理人救助自殺之本人的情形。

第一七四條第二項所列舉不適用第一項之情形，第一種為管理事務之承擔係為本人「盡公益上之義務」之情形。僅本人有關公益之事項尚不足，尚須本人負有法律上義務，公益乃國家或社會之一般利益。❶❸公益上之義務學說多有強調，其得為公法或私法上之義務，但須有公益性質者。❶❹管理事務之承擔為本人盡公法上義務者，如管理人為本人繳納稅捐❶❺；私法上義務如為本人修繕公路旁具危險性之房屋斷壁❶❻、為鄰居僱工清掃門前垃圾❶❼、為

---

❶❷ 認為公益管理並非絕對適用適法無因管理之求償，亦可能適用不適法無因管理。邱著，頁101。

❶❸ 史著，頁63。

❶❹ 史著，頁63；王著，頁386。

❶❺ 史著，頁63；王著，頁386；鄭著，頁106；孫著，頁124；邱著，頁94；第一七四條之立法理由中亦將納稅列為為本人履行關於公益之情形。

❶❻ 王著，頁386；孫著，頁124；邱著，頁94。

本人支付其應支付之喪葬費❶、為本人修繕道路❶。被認為無涉為本人盡公益上義務者，如管理人為本人支付本人因犯罪所被科罰金之情形。例如本人拒絕履行衛生局為防治登革熱而課予之清除積水義務，因清除積水以防治登革熱直接涉及公共衛生並涉及公共利益，可認為屬公益上之義務，管理人如違反本人意思而為其盡此清除積水義務，將有第一七四條第二項之適用，而不提升至無過失責任。

惟本人拒絕履行納稅義務而管理人為管理事務承擔之情形，如前所述，多數學說均認為納稅義務屬於公益上之義務，管理人為本人繳納時將有第一七四條第二項之適用。此諸如本人認為稅額有爭議正在釐清中，而不願繳納所得稅一千元，然管理人逕取本人放在桌上的鈔票，為其前往稅捐機關繳納時，路上因不可抗力之事由發生車禍致該鈔票滅失，因管理人管理事務之承擔係違反本人意思，管理人之賠償責任本應依第一七四條第一項提升至無過失賠償責任，然可否認為納稅義務屬於公益上之義務，管理人有第一七四條第二項之適用而僅就過失負責，或認為此不屬公益上之義務，管理人仍負無過失責任，即值得進一步討論。

拒絕履行納稅義務僅係本人拒絕履行對於國家之公法上之金錢債務，此等納稅義務之履行，或可認為間接與公共財政之健全有關，然此是否能直接符合條文公益上之義務的要求，或其履行是否有公共利益之內涵，而使違背本人意思為管理事務之承擔的管理人無庸提升至無過失責任，不無疑義。蓋一人之不納稅並不直接影響他人之利益，而與不清除積水或不維修路旁危樓等會直接危害他人之情形顯有不同，而無涉公益。故而，公益上義務與公法上義務在概念上仍係有別，公法上之義務是否具有公益性，仍須在個案中審

---

❶　孫著，頁 124。

❶　史著，頁 63；孫著，頁 124。

❶　史著，頁 63。

慎判斷，而不宜任意擴大公益上義務的概念至此等公法上之金錢債務。❷故應認為，管理人為拒絕納稅之本人管理事務，其管理事務之承擔違反本人意思，就所生之損害應依第一七四條第一項提升至無過失賠償責任，且因並非公益上義務，而無第二項例外規定之適用。

　　第二種不適用第一七四條第一項之情形，為管理事務之承擔係為本人履行法定扶養義務之情形，其在構成要件上即排除約定扶養義務之情形。此諸如本人拒絕扶養其子女，即便管理人管理事務之承擔上違背本人意思而為其扶養子女，惟依其仍不適用第一七四條第一項提升至無過失責任規定，管理人仍負過失責任。

　　第三種不適用第一七四條第一項之情形，為本人之意思違反公共秩序善良風俗之情形，此為一九九九年民法債編大幅修正時所增訂之情形。此諸如本人為自殺者或放火者，其主觀意思為不希望他人救助或滅火。❷參酌前兩種態樣之用語，其係指管理人之管理為本人盡其依公共秩序或善良風俗所應採取之作為或不作為之情形，如放火者本應採取滅火措施，進行自殺行為者本應停止該自殺行為。即本人不願他人為管理行為，而管理人在管理事務之承擔上卻違反本人之意思，進行滅火或救助管理之行為。此時本人不希望他人滅火或救助之意思，係違背公共秩序善良風俗。於此情形，雖管理人違反本人意思，仍不因而提升至無過失責任，管理人仍負過失責任。解釋上應認為本人之意思違反公共秩序或善良風俗時已足，蓋要同時兼備違反公共秩序及違反善良風俗，並不容易成立，也不符一九九九年增訂此一態樣使本人能夠免除提升至無過失責任不利益之規範意旨。❷

---

❷　值得注意者，學說上有主張應擴大公益管理之適用。此說主張，現代社會因人與人接觸頻繁，一人之不道德行為對於他人或公益恐造成不可知的損害，故公益管理似有擴大適用之必要。邱著，頁94以下。申言之，擴大第一七四條第二項公益管理之適用，即縮小第一項提升至無過失責任規範之適用。

❷　參見本條修正理由，法務部彙編，頁96。

惟究其實際，本人意思違反本人所應盡之公益上義務，可認係違反公共秩序，及本人意思違反應履行之法定扶養義務，可認係違反善良風俗。申言之，公益管理之前兩種態樣，本可為一九九九年所增訂之「本人之意思違反公共秩序善良風俗」的第三種態樣所吸收，前兩種具體態樣屬第三種概括態樣之例示。惟無論是涵攝到何種態樣下，管理人均適用第一七四條第二項之例外規定，不提升至無過失責任。

㈡管理事務之承擔涉及公益管理

由於第一七四條第二項之「其管理」係承第一項而來，故解釋上應認為其亦指管理事務之承擔涉及公益管理之情形；又其以適用第一項為前提，故亦指管理人就管理事務之承擔違反本人之意思，此二者均非指管理事務之實施。故而，管理事務之承擔涉及公益管理時，第一七四條第二項排除了管理人管理事務之實施在規範上適用第一項之可能，而使管理人無論在管理事務之承擔是否符合本人意思，管理人在管理事務之實施上的責任始終維持在過失責任。此外，無論管理人在管理事務之實施上是否涉及公益，或是否符合本人意思，均不阻卻第一七四條第二項之適用。

針對此等公益管理情形，即便管理事務之承擔係違反本人意思，如前揭本人明示不履行法定扶養義務，而管理人違反本人意思代為扶養時，在管理事務之實施上，因第一七四條第二項規定，管理人之賠償責任仍不提高至無過失賠償責任，仍僅負過失之賠償責任。蓋此等公益管理涉及公益或道德，管理人管理事務之承擔倘有違反本人意思之情事，往往該本人之意思係違反公益或道德。故管理人即便違反本人意思為管理事務之承擔時，依第一七四條第二項之結果，本人違反公益或道德之意思實際上即被加以忽略，或忽略管理人違反本人意思之情事，或曰實際上即擬制成管理人並無違反本人意思之情事。❷❸

---

❷❷　邱著，頁 95 註 20。

　　於管理人管理事務之承擔涉及公益管理，而違背本人意思之情形，例如本人不勤於整理花園，且拒絕履行衛生局為防治登革熱而要求清除積水的通知。倘管理人主動為本人清除積水以防止病蚊滋生，管理事務之承擔即涉公益管理，即便清除積水此一管理事務之承擔係違反本人意思，管理人仍不負有第一七四條第一項之無過失賠償責任。故而，管理人在管理事務之實施上不慎打破本人並未積水之雕像時，雖該未積水雕像本身無涉公益，依第一七四條第二項之規定，管理人仍不負有無過失賠償責任。依本書見解❷，就此雕像之損害，管理人可類推第一七五條之規定，僅於有惡意或重大過失時，始依第一七二條後段及債務不履行不完全給付中加害給付之規範，對於本人負賠償責任。此外，就此雕像之損害，管理人亦應依侵權行為之規定，對於本人負賠償責任，而基於請求權交互影響，其主觀要件亦應類推第一七五條，降低至惡意或重大過失。本人對於管理人享有此二相競合之請求權。

㈢不符合本人利益之公益管理仍不提升至無過失賠償責任

　　在公益管理下，除不問管理人管理事務之承擔是否符合本人意思外，亦不問其是否符合本人之利益，管理人在管理事務之實施上的責任均不提高至無過失責任。蓋管理人賠償責任之提高，僅以管理事務之承擔違反本人意思為要件，而不問管理事務之承擔是否符合本人之利益。公益管理作為第一七四條第一項之例外，即同應不問管理事務之承擔是否利於本人，均能同樣例外不提高至無過失責任。申言之，如管理人之公益管理係違反管理人之意思，雖管理事務之承擔亦不符合本人之利益，仍能有第一七四條第二項之適用，而僅負過失責任。

　　惟構成公益管理但不符合本人利益之情形，在概念上不易想像，蓋如前

---

❷　德國民法第六七九條即規定，倘不為事務管理，本人在公益上應履行之義務或本人之法定扶養義務無法及時被履行時，與事務管理相衝突的本人意思，即不納入考慮。

❷　見下述「二、㈣」之說明。

所述，管理事務之承擔是否符合本人利益，係指本人客觀之利益 (objektive Nutzen)，即自公眾的觀點視之，係屬對本人客觀上有利 (sachlich vorteilhaft)，而非僅以本人主觀利益為準。❷❺公益管理為本人盡公益上之義務如繳納稅捐、或為本人履行法定扶養義務、或本人之自殺意思違反公序良俗者，其客觀上對於本人均屬有利，即便本人主觀上認為此將支出費用、苟活世上而屬不利，均無礙在個案中，將公益管理多數情形的管理事務之承擔，定性為對於本人有利。

㈣公益管理下管理人之注意義務

管理人就管理事務之實施，依第二二〇條規定，本負有善良管理人之注意義務，即抽象輕過失的賠償責任。❷❻第一七四條第一項僅就管理人管理事務之承擔違反本人意思之情形，將管理人就管理事務之實施時的賠償責任，提升至無過失責任。第一七四條第二項僅規範，在公益管理情形下，管理人管理事務之承擔即便違反本人意思，其不適用第一項規定，即責任不提升至無過失責任。申言之，如同第一七二條以下並未規範通常的無因管理下之注意義務，其同樣未規範管理人於公益管理之注意義務。

然在此等公益管理之情形，無論管理人就管理事務之承擔是否有違反本人意思，管理人就管理事務之實施究竟應負何種程度之注意義務，且是否與非公益管理之一般無因管理的情形有別，值得討論。學說上有主張公益管理應回到善良管理人之注意義務（抽象輕過失的賠償責任）❷❼，亦有主張無因管理之管理人本無報酬請求權而未受有利益，應從輕酌定其責任，且特別是在公益管理時，其係為公益而管理，為避免失之過苛，而應使之負同自己事務之注意義務（具體輕過失的賠償責任）。❷❽

---

❷❺　參見「第八章、六」之說明。

❷❻　參見「第八章、九」之說明。

❷❼　邱著，頁94。

❷❽　主張無因管理之管理人採具體輕過失的賠償責任者並有強調，倘採重大過失責任，其失之

　　公益管理於其管理事務之承擔違反本人意思時，依第一七四條第二項規定而不適用第一七四條第一項之無過失責任時，在體系上本應如一般無因管理之情形，回到抽象輕過失的賠償責任（第二二〇條），以與不違反本人意思之一般無因管理（非公益管理）情形一致。惟應認為，有鑑於公益管理其情狀特殊，在此等情狀下管理人為管理難免承受壓力，僅免除管理人提升至無過失責任，對於管理人之保護尚嫌不足，且公益上義務、扶養義務及公序良俗均涉及公益或道德，在方法論上，不妨類推適用第一七五條同樣屬特殊情狀之緊急管理情形。申言之，無論管理人是否違反本人之意思而為該公益管理之管理事務之承擔，管理人對於因管理事務之實施所生的損害，除有惡意或重大過失外，不負賠償之責，而使管理人僅負有一般人之注意義務、重大過失的賠償責任。㉙

　　於涉及公益、道德事件中，相較於管理人懼於在管理事務之實施上須承擔善良管理人之注意義務，而寧可不為管理事務之承擔，且管理人往往同時亦因違背本人意思為管理事務之承擔而有壓力，致管理事務之實施上難免出錯，在解釋上應認為，類推適用緊急管理規定，令公益管理之管理人只須就惡意或重大過失負賠償責任，且不區別該公益管理之承擔是否違反本人意思，較能鼓勵管理人進行涉及公益、道德事件的管理事務之承擔，以促進並維護公益。

　　凡於公益管理下，無論管理事務之承擔是否違反本人意思，均類推適用緊急管理之規定，管理人只須負惡意或重大過失的賠償責任。故而，同屬不違反本人意思的管理事務之承擔，非公益管理之情形管理人方負抽象輕過失責任；公益管理之情形，管理人只須就惡意或重大過失負賠償責任；而同屬

過寬，亦生濫行干涉他人事務，林著，頁 248 以下。立法政策上認為應採取採具體輕過失的賠償責任者並有認為，除前揭管理人並未受有報酬外，由於公益管理有利於社會利益，本人之意思與利益似無特別推崇必要，而應改採具體輕過失的賠償責任。邱著，頁 94。
㉙　參見「第八章、十」之說明。

違反本人意思的管理事務之承擔，非公益管理之情形管理人方負無過失之責任，公益管理之情形管理人只須就惡意或重大過失負賠償責任。

㈤公益管理與緊急管理的競合

　　構成公益管理情事，於個案中不乏同時可符合緊急管理之情形，此特別是本人意思違反公序良俗時。例如管理人違反本人意思而救助欲自殺之本人，而不小心抓傷本人或抓壞本人之衣服時，此時一方面依第一七四條第二項管理人之責任不提升至無過失責任外，因係為免除本人之生命、身體或財產上之急迫危險而為事務之管理，亦可直接適用第一七五條，使管理人對於因其管理所生之損害，僅就惡意或重大過失負責。

　　然於為本人履行法定扶養義務的公益管理之情形，如於管理人救助父母對之有扶養義務之子女，無論該救助是否違反父母之意思，倘管理人於救助子女時不慎毀損該父母之財產時，諸如管理人緊急提供挨餓數日之子女午餐救助時不慎打翻飲料而污損父母之地毯的情形，因管理人係以該父母為本人，所救助之對象為本人子女之生命、身體，並非本人之生命、身體，不符合緊急管理所要求之「為免除本人之生命、身體或財產上之急迫危險」要件，並無緊急管理與公益管理之競合，而無法適用緊急管理規定來降低管理人注意義務至僅須就惡意或重大過失負責，其仍須對因管理所生之損害負抽象輕過失的賠償責任。故而，如前所述，倘解釋上認為涉及公益與道德之公益管理，其注意義務類推適用緊急管理之規定，使管理人僅須就惡意或重大過失負責，即可解決管理人之保護需求。

⊜、緊急管理時管理人賠償責任之減輕

㈠管理事務承擔上之緊急管理

　　就事務管理之法定義務履行，管理人本應負善良管理人之注意義務，即抽象輕過失之賠償責任。惟管理人為免除本人之生命、身體或財產上之急迫危險，而為事務之管理者，對於因其管理所生之損害，除有惡意或重大過失

者外，不負賠償之責，此即所謂緊急管理。蓋為免除本人之生命、身體或財產上之急迫危險，事出緊急，對於管理人如仍要求其盡善良管理人之注意義務時，對於管理人過苛，並可能使管理人畏於管理而不利於本人。

依第一七五條之規定，管理人為免除本人之生命、身體或財產上之急迫危險，而為事務之管理者，係指管理人為免除本人之生命、身體或財產上之急迫危險所進行管理事務之承擔；而因其管理所生之損害係指於管理事務之實施上造成損害時。申言之，第一七五條係對於管理事務之承擔上屬緊急管理之情形，在管理事務之實施上減輕管理人注意義務之規範。

條文中之惡意與故意有別。學說上強調，惡意乃動機不善的故意。❸⓿ 管理人緊急管理時之故意行為可能沒有惡意。如破窗而入救火，打破窗戶之行為雖有故意，但無惡意，其為緊急管理行為所必須時，則管理人不負賠償責任。管理人緊急管理時之故意行為亦可能具有惡意，如救火時基於報復私人恩怨之意思，對於並無被火勢波及危險之財產故意灑水致其毀損之情形，管理人仍負賠償責任。

此外，無因管理係處理管理人與本人間之關係，依第一七五條所減輕者，係指管理人對於本人之注意義務與賠償責任。申言之，第一七五條條文中「對於因其管理所生之損害」係指對於本人所生之損害，管理人並非對於本人之外的人進行緊急管理，自無庸減輕本人對其他人之注意義務。故而，在緊急管理下，管理人對其他人之注意義務與賠償責任並不因此而減輕，而仍適用侵權行為之規範，即負抽象輕過失的賠償責任。惟如管理人為免除本人之急迫危險而對於第三人造成損害時，對於該第三人仍得主張第一五〇條緊急避難規定之適用而阻卻違法，免於對第三人負賠償義務。

㈡違背本人意思或利益之緊急管理

管理人如免除本人之生命、身體或財產上之急迫危險而為事務之管理，

---

❸⓿　孫著，頁125；鄭著，頁108；林著，頁250。

即便事務之管理係違反本人意思（構成不適法無因管理），仍能構成緊急管理，本人之注意義務應因此降至惡意或重大過失之責任。蓋於第一七五條之規定，其並未以符合本人之意思為要件。❸申言之，此時第一七五條緊急管理情形下降低管理人注意義務之規定，即構成第一七四條第一項違反本人意思而提升至無過失責任規定之特別規定。

此外，緊急管理有違反本人利益之情形（構成不適法無因管理），仍能構成緊急管理。申言之，在緊急管理下，管理人是否符合本人意思或利益，僅影響管理人對於本人適用適法或不適法無因管理來求償之問題，管理人對於本人之注意義務仍降至惡意或重大過失之責任。故而，無論管理事務之承擔屬於適法或不適法無因管理，凡符合緊急管理之要件，均有第一七五條緊急管理之適用。

㈢為免除本人之生命、身體或財產上之急迫危險

依第一七五條之規定，管理人須是為免除「本人」之生命、身體或財產上之急迫危險，而為事務之管理，方有緊急管理責任減輕規範之適用；倘若管理人係為本人以外之人的生命、身體或財產上之急迫危險，而為本人管理，尚無法依本條使管理人對於本人之注意義務降至惡意或重大過失之責任。

然如前述，管理人於救助本人子女之生命、身體時，不慎毀損該本人之財產時，因管理人係以該父母為本人，所救助之對象為本人子女之生命、身體，不符合緊急管理所要求之「為免除本人之生命、身體或財產上之急迫危險」要件。然解釋上，應使此等公益管理可類推適用緊急管理之情形，來減輕管理人之注意義務，或將第一七五條之要件，目的性擴張至為免除本人對

---

❸　學說上所舉適用第一七五條減輕管理人責任規定之情形，亦以管理人違反本人意思而為管理事務之情形為例，如本人房宅失火，本人意思為任該有投保之房宅燒毀，管理人參加救火，然因管理而造成損害之情形。王著，頁398。申言之，於違反本人意思之緊急管理情形下，仍不適用第一七四條加重管理人之責任至無過失責任之規定，而適用第一七五條減輕管理人責任至惡意或重大過失的規定。

之負有法定扶養義務之人的生命、身體之急迫危險的情形，亦能該當該要件之要求。蓋於管理人為本人履行法定扶養義務之情形，本人與對之負有法定扶養義務之人有一定之聯繫，而此等聯繫（扶養義務）又屬第一七四條第二項、第一七六條第二項所列舉出來之公益管理態樣，承認此於違反本人意思下並不提升至無過失責任、及並不因之成為不適法無因管理之特殊性，且所管理事務（本人事務）之本質即為本人對於該扶養權利人生命、身體之照顧。管理人在所管理事務之本質為對於本人之生命、身體照顧時，可因為免除對其之急迫危險而減輕責任，則在管理人所管理事務之本質為對於本人享有扶養請求權之人的生命、身體之照顧時，亦應可因為免除對此等人之急迫危險而減輕責任。故而，將免除本人對之負有法定扶養義務之人的生命、身體上急迫危險，與免除本人之生命、身體上急迫危險作相同處理，使前者亦能減輕管理人之責任，在論理上有其正當性。

㈣不適法無因管理亦有適用

在案例類型上，不論管理事務之承擔上係屬適法或不適法無因管理，於符合第一七五條緊急管理要件時，均有緊急管理規定之適用，使管理人僅就惡意或重大過失負責。[32] 一般而言，為免除本人之生命、身體或財產上之急迫危險所為之管理，其在管理事務之承擔上多能符合本人之利益與意思；或雖不符合本人意思，但卻有第一七六條第二項準用第一七四條第二項之情形，而多屬適法無因管理。但在個案中，仍有可能緊急管理不符合本人意思，且無涉第一七六條第二項準用第一七四條第二項之情形，而同時構成不適法無因管理之情事。如本人意思為對於其欲廢耕果園之果樹任其傾倒，管理人卻闖入果園將快傾倒的果樹扶正，管理人如有因管理而造成本人之損害，如撞

---

[32]　學說上同樣強調，第一七七條之情形（不適法無因管理）亦有第一七五條責任減輕規範之適用，王著，頁398。同樣強調緊急管理並非絕對適用適法無因管理之求償，亦可能適用不適法無因管理。邱著，頁101。

壞果園欄杆時，仍僅於惡意或重大過失時始就該損害負賠償責任。

　　此外，無論管理事務之實施上是否符合本人之意思與利益，均有緊急管理之適用可能。再者，無論管理事務之承擔是否涉及公益管理事項，如有「為免除本人之生命、身體或財產上之急迫危險」之情事時，即得適用第一七五條，管理人僅就惡意或重大過失所生之損害負責。如管理人拯救自殺的本人時，管理人一方面依第一七四條第二項不提升至無過失責任，另一方面亦適用第一七五條僅須就惡意或重大過失負責。惟多數之情形下，緊急管理未必涉及公益管理之事由。

㈤幻想的緊急管理

　　適用緊急管理減輕管理人責任之規定，不以事實上急迫危險之情事確實存在為要件，此可自條文中「為免除本人之……之急迫危險」中「為免除」用語可知，管理人出於免除危險之目的而為管理事務之承擔已足。[33]此種管理人對於不存在之危險主觀上確信，與客觀上所進行的管理事務之承擔與實施，或可謂「幻想的緊急管理」。

　　但學說上仍強調，此時仍以管理人確信急迫危險存在、確信其管理行為係屬避免危險之必要，且非因過失而有此等確信時，方能於急迫危險實際上不存在時，對於本人主張責任之減輕。[34]此諸如，管理人聽到鄰居房內傳出打鬥及呼救聲，而緊急破門而入後，發現打鬥及呼救聲乃鄰居離開家門時未

---

[33]　申言之，在幻想管理（誤自己事務為他人事務）時，管理人主觀確信他人事務存在且主觀確信具他人性，本會因欠缺客觀上他人性，使其與本人不成立無因管理法律關係。然於緊急管理之情形，縱因所管理之他人事務（他人遭受急迫危險）客觀上並不存在，而仍可基於管理人主觀確信他人事務之存在及因之具他人性，及管理人主觀確信急迫危險之存在（幻想的緊急管理），而與本人成立無因管理法律關係。與幻想管理相較，幻想的緊急管理同樣不存在客觀他人事務，但因事務客觀上根本不存在且並不具自己事務之性質，而有不同之評價。

[34]　史著，頁64；王著，頁398。

關電視機，由電視節目播送之聲音。此時，管理人主觀上認知急迫危險之存在及認知破門而入之必要，且因情況緊急而無暇求證，可認為管理人對於危險之存在及所採取措施認知並無過失時。此時，即便客觀上不存在急迫危險之情事，管理人仍得適用第一七五條，就破門而入及之後因踩髒地毯而對本人財產所造成之損害，僅於惡意或重大過失時始負賠償責任。惟此時因管理事務之承擔違反本人之意思，而構成不適法無因管理，除非本人表示願享有因管理所生之利益，管理人並不當然對於本人享有求償權。

反之，如急迫危險實際上不存在時，管理人係有過失而得出急迫危險存在之確信，進而為管理事務之承擔，管理人即不得援引緊急管理之規定，主張注意義務之降低。此諸如，管理人聽到鄰居農舍內傳出小狗哀嚎聲，未向本人求證即破門而入且不慎打破地上之玻璃瓶，始發現小狗哀嚎聲係鄰居離開農舍時未關電視機，由電視節目播送之聲音。此時未涉及人之生命或身體危險，並非高度緊急之情事下，管理人能求證而未求證，可認為其得出急迫危險存在之確信係有過失，不得主張緊急管理降低注意義務。

(六)與緊急避難間之關係

管理人為免除本人之生命、身體或財產上之急迫危險，而為事務之管理者，其亦可能同時構成第一五〇條緊急避難之規定。[35]惟緊急避難尚要求行為人以避免危險之必要，未逾越危險所能致之損害程度時，方能依緊急避難

---

[35]　同樣強調緊急管理與緊急避難可同時構成者，林著，頁250。同樣認為，管理人可對本人主張緊急避難者，孫著，頁122。學說上亦有認為，第一五〇條所定損害之受害人係第三人，第一七五條緊急管理所定損害之受害人係本人。黃茂榮著，頁414。依此見解，本人因管理人之管理行為受有損害之情形，即便是管理人為避免本人之生命、身體、自由或財產受有急迫危險所為之行為，並無第一五〇條之適用。本書認為，第一五〇條文義上並未有排除受危險之「他人」兼為緊急避難行為之受害人的情形，即為被害人仍可為受急迫危險之人。如管理人將因溺水而昏迷者之上衣剪開，以進行人工呼吸挽救其生命之行為，管理人之損害溺水者上衣行為，可構成對於溺水者所為之緊急避難行為。

之規定不負損害賠償責任。申言之，如管理人之緊急管理另外能符合緊急避難之必要性與比例原則之要求，不僅能依緊急管理之規定主張注意義務之降低而僅就惡意或重大過失負責，並能依緊急避難之規定來阻卻違法而根本不負賠償責任。

通常而言，符合緊急避難必要性與比例原則之要求的管理行為，也不具惡意或重大過失，管理人無論是援引緊急避難或緊急管理之規定，管理人均無須負損害賠償責任。反之，不符合緊急避難必要性與比例原則之要求的管理行為，個案中也具重大過失或惡意。此諸如，管理人聽到鄰居房內傳出呼救聲，其緊急破門或破窗而入已足，然管理人卻以推土機將房屋整面牆推倒或以怪手將屋頂掀開之情形。管理人此時既無法援引緊急避難之規定來根本免除賠償責任，亦無法援引緊急管理之規定來免責，管理人仍須對本人負損害賠償責任。

㊃、成立無因管理關係時管理人之侵權責任

㈠無因管理法定義務與侵權責任之競合

先前所述者，乃無因管理法律關係下管理人的法定義務與不履行時之賠償責任。應強調者，管理人與本人間構成無因管理法律關係時，管理人於管理事務之實施上未盡法定義務之管理行為，除須對本人負有前述無因管理法定義務之債務不履行不完全給付賠償責任外，若該管理行為亦同時侵害本人之權利，而有故意過失時，管理人須對本人另外發生侵權行為損害賠償責任，而構成無因管理債務不履行責任與侵權責任之競合。

㈡適法無因管理下阻卻侵權行為之違法性

在適法無因管理下，學說上一般認為其將阻卻管理人侵權行為之違法性。㊱蓋此時管理人管理事務之承擔符合本人之意思與利益，屬符合法定要

㊱　王著，頁373；黃立著，頁185、187。認為無因管理可阻卻違法之效力，未特別強調限於

求之行為。故而管理行為即便侵害本人之權利，並有故意過失時，將因不具違法性而不構成侵權行為，不負侵權行為下之賠償義務。

在適法無因管理下，僅阻卻管理事務之承擔行為之違法性，管理人在管理事務之實施上是否違反無因管理法定義務之情事且屬可歸責，而須對於本人負債務不履行責任，係屬另一問題。惟一般而言，適法無因管理下可阻卻侵權行為違法性之管理行為，也多能符合無因管理法定義務之要求。如不認為適法無因管理可阻卻管理人侵權行為之違法性，將造成不構成無因管理法定義務違反之管理行為，卻須負侵權行為損害賠償責任之窘境，此使無因管理法定義務之規定成為具文，另一方面亦不利人性互助。

例如管理人故意破窗而入，為本人廚房失火進行救火之行為，救火過程中並不慎踩髒地毯、打破廚房碗盤。又例如，管理人為本人修補欄杆與屋頂，而使用釘槍與黏膠。在侵權行為之賠償責任上，因管理事務之承擔（破壞窗戶侵入他人住宅進行救火；修補欄杆屋頂）符合本人之意思與利益，而屬適法無因管理，救火之例同時並構成緊急管理。管理人前揭侵入住宅、破壞窗戶、踩髒地毯、打破廚房碗盤及使用釘槍與黏膠之行為，即便屬故意或過失致侵害本人之所有權，因其屬適法無因管理而阻卻此等侵權行為之違法性，管理人對本人仍不負侵權行為之賠償責任。**❸❼** 在救火之例中，由於救火之行為亦構成緊急管理，管理人之注意義務僅就惡意或重大過失負責，而因請求權交互影響，侵權責任之主觀要件亦經修正，故可認為，就侵入住宅、破壞窗戶、踩髒地毯及打破廚房碗盤之行為，管理人因不具惡意或重大過失，而不負侵權責任。**❸❽**

適法無因管理者，史著，頁61；邱著，頁86；鄭著，頁105。強調適法與不適法無因管理均可阻卻侵權行為之違法性者，孫著，頁119、122；林著，頁246。

❸❼　在救火之例中，若適用緊急避難之規定亦可得到相同結論。

❸❽　在修補欄杆與屋頂之例中，並無法得出管理人因不具故意過失或不具惡意或重大過失而不負侵權責任之相同結論。使用釘槍與黏膠將侵害本人欄杆或屋頂之所有權，且屬故意行

另應強調者，無因管理關係之賠償責任上，在救火之例中管理人不慎踩髒地毯及打破廚房碗盤等行為，與修補欄杆與屋頂之例中管理人使用釘槍與黏膠之行為，均可認為屬管理事務之實施上必要之行為，其符合本人之意思與利益，故管理人亦不構成無因管理下法定義務之違反。解釋上亦可認為，管理人無故意或過失，或於緊急管理下無惡意或重大過失而不具可歸責事由，而不構成無因管理法定義務之債務不履行中不完全給付之賠償責任。又因屬適法無因管理，管理人對於本人仍當然依法享有第一七六條之償還及賠償請求權。

在適法無因管理下，因不具違法性而不構成侵權行為，但仍構成無因管理下法定義務違反之情形，例如，管理人誤用劣質木頭為本人修繕欄杆與屋頂之情形，其修繕行為雖侵害本人所有權，但因管理事務之承擔符合本人之意思及利益而屬適法無因管理，阻卻違法而不構成侵權行為；然因管理事務之實施上誤用劣質木頭而不符合本人意思或利益，致違反法定義務，管理人構成無因管理法定義務之不完全給付中之瑕疵給付。

㈢適法無因管理下仍可能構成侵權行為責任

適法無因管理阻卻管理人侵權行為之違法性，係指當然阻卻管理事務之承擔上之行為，即介入他人事務本身的違法性，如前述廚房失火救火時，打破窗戶及侵入住宅之行為。管理事務實施上之行為，須屬必要之行為，而符合本人意思與利益者，其侵權行為違法性方能被阻卻。申言之，適法無因管理並不當然阻卻管理人一切管理事務之實施上之行為的違法性。❸❾若管理事

為，管理人必然對於本人構成侵權行為。且其非屬緊急管理，故無法透過請求權交互影響，使侵權責任之主觀要件修正成僅就惡意與重大過失負責。故而在釋義學上，有將適法無因管理之管理行為解釋成阻卻侵權行為違法性之必要。

❸❾ 同樣亦強調無因管理不當然排除侵權行為之適用者，王著，頁 373、387 以下，其說明之例為：管理人代收包裹雖不成立侵權行為，但因過失毀損包裹內之物品仍構成侵權行為，並與無因管理債務不履行責任發生競合。同此意旨，林著，頁 246；邱著，頁 86。

務之實施上之行為不具必要性，不符合本人意思或利益者，其仍具違法性，管理人仍對本人發生侵權行為之賠償義務。最高法院五十五年臺上字第二二八號判例謂：「無因管理成立後，管理人因故意或過失不法侵害本人權利者，侵權行為仍可成立，非謂成立無因管理後，即可排斥侵權行為之成立」即此意旨。

　　肯定適法無因管理下管理事務之實施仍可能成立侵權行為之解釋，亦符合體系。蓋於適法無因管理下，如管理事務之實施有不符合本人意思或利益之情事，例如侵害到本人之財產或人身，且具故意或過失等可歸責事由，尚構成無因管理法定義務債務不履行中不完全給付之加害給付（第二二七條第二項）❹，如認為因其屬適法無因管理而使管理事務之實施一概不構成侵權行為，在體系上即難得事理之平。

　　如前述適法無因管理案例，為本人廚房失火進行救火過程中，其管理事務之承擔雖會侵入他人住宅及打破窗戶，管理事務之實施過程中雖有故意或過失造成踩髒地毯及打破廚房碗盤結果，此係符合本人之意思與利益，而可認為其不具侵權行為之違法性。然與此相對，若救火過程中，管理人出於惡意，毀損本人家中非失火地點之名畫時，或例如管理人拯救溺水者上岸後，將其手錶脫下並出於重大過失隨意棄置於海灘上，致稍後被海浪捲走時，其管理事務之承擔（救火或救人）固然符合本人意思或利益而屬適法無因管理，但前揭管理事務之實施（毀損非失火地點之名畫、隨意棄置本人手錶）不符合本人意思或利益，一方面管理人對本人構成無因管理法定義務之違反，因具可歸責事由，而構成債務不履行不完全給付之加害給付，而負損害賠償責任；另一方面，亦因其不符合本人之意思或利益，具侵權行為之違法性，其具惡意或重大過失，管理人仍同時對本人負侵權行為之損害賠償責任，即構

---

❹　適法無因管理僅管理事務之承擔符合本人之意思與利益，管理事務之實施仍有可能違反本人之意思或利益。

成無因管理損害賠償責任與侵權責任之競合。

　　另應強調者，管理人救火行為或拯救溺水者行為亦屬緊急管理，管理人無因管理下之責任減至僅就惡意與重大過失負責，其侵權責任也因請求權交互影響而減至僅就惡意與重大過失負責。又因屬適法無因管理，管理人對於本人仍依法享有第一七六條之償還及賠償請求權。

㈣不適法無因管理下不阻卻侵權行為之違法性

　　在不適法無因管理下，應認為並不阻卻管理人侵權行為之違法性，管理人對本人仍構成侵權行為。❹蓋此時管理人管理事務之承擔並不符合本人之意思或利益，即不符合法定要求。而在不適法無因管理，管理人之責任自善良管理人責任提升至無過失責任，不以管理人可歸責為必要，管理人更容易成立無因管理法定義務之債務不履行責任。故而，在不適法無因管理下，其特別容易出現無因管理法定之債的賠償責任與侵權責任競合之情形。

　　此外，不論本人是否願享有因管理所得之利益，解釋上並不阻礙本人對管理人行使侵權行為損害賠償請求權，侵權行為之違法性並不因此被阻卻。❹

---

❹　王著，頁 373 以下、397；黃立著，頁 191；邱著，頁 100 以下；史著，頁 66。不同見解認為，無因管理法律關係下不發生侵權行為，而未區別適法或不適法無因管理者，孫著，頁 119、122，其認為，成立無因管理後管理行為即屬適法行為，雖因侵權行為而侵害他人權利，亦非不法，與侵權行為構成要件不符，無因管理具阻卻違法之效力，管理人係因違反管理人之義務而依無因管理負賠償責任，並非因侵權行為而發生。同樣認為不適法無因管理者無須再適用侵權行為之規範，避免架空第一七四條、第一七七條之規定者，林著，頁 246。

❹　同此意旨，認為「本人對於此項利益之請求，不當然認為有民法第一七八條所定之承認，或對於第三人為債務之承受或為對於第三人損害賠償請求權之拋棄（因管理人之侵權行為或債務不履行）」，史著，頁 68。同樣認為，於不適法無因管理，即便本人表示欲享有管理所生之利益，倘本人不願意承認管理行為（第一七八條），管理行為之違法性不能除去，而仍構成侵權行為，蓋如本人表示欲享有管理所生之利益即能阻卻侵權行為之違法性，第一七七條不適法無因管理之效力與第一七八條經本人承認之管理行為的效力間將無區別。黃茂榮著，頁 413 以下、415 以下。

蓋本人願享有因管理所得之利益，僅使管理人可對於本人在本人所受利益範圍內發生求償及賠償請求權，不應使本人行使權利而喪失權利。例如休耕果園發生火災，其無延燒鄰地的可能，本人曾明示一旦發生火災請大家不要救火，應任其燃燒達增加土地養分之目的，管理人執意救火，而破壞鐵門闖入進入農地之行為，救火時無意間打破盆栽，其管理事務之承擔（救火）違反本人意思，屬不適法無因管理，即便本人嗣後依表示願享有因管理所得之利益，此僅使管理人得對本人就救火之費用及因救火所受損害於本人受有利益範圍內求償。就管理人管理事務之承擔破壞本人鐵門，管理事務之實施打破盆栽，致本人所有權受有損害之管理行為，因屬不適法無因管理，不因成立無因管理法律關係而阻卻違法，其仍具違法性，管理人須對本人負侵權行為之賠償責任。

第 *11* 章
管理人之權利

一、適法無因管理與不適法無因管理二分體系下之管理人求償權

在無因管理之規範體系上，管理人之權利係指管理人對於本人之償還請求權及損害賠償請求權，簡稱求償權（第一七六條第一項、第一七七條第一項）。在無因管理規範下，除前揭規定外，並未賦予管理人對於本人其他之權利。至於在不適法無因管理時，因本人表示拒絕享有因管理所得之利益，使管理人無法依第一七七條第一項之規定向本人求償的同時，得另依不當得利之規範請求本人返還所受有之利益，係屬另一問題。

第一七六條第一項規定：「管理事務，利於本人，並不違反本人明示或可得推知之意思者，管理人為本人支出必要或有益之費用，或負擔債務，或受損害時，得請求本人償還其費用及自支出時起之利息，或清償其所負擔之債務，或賠償其損害。」此為適法無因管理下之求償權。第一七七條第一項規定：「管理事務不合於前條之規定時，本人仍得享有因管理所得之利益，而本人所負前條第一項對於管理人之義務，以其所得之利益為限。」此為不適法無因管理下之求償權。故而，在規範上將因管理人之管理事務為適法或不適法無因管理，而使管理人有不同的求償權發生方式、與不同的求償範圍。

在管理人對本人求償權之規範體系上，無因管理規範僅將各種型態之管理事務二分成適法無因管理與不適法無因管理此兩種型態，分別賦予不同的求償權，並未另外針對公益管理或緊急管理之態樣設有獨立的求償權規範。申言之，公益管理或緊急管理之概念，其僅決定管理人管理事務之注意程度或管理人對於本人賠償義務上有意義，此兩種型態在管理人對於本人之求償

權上並無獨立之意義。故而，管理事務如涉及公益管理或緊急管理，仍須判斷管理人管理事務究竟屬於適法或不適法無因管理，再決定管理人對於本人求償權發生之方式與求償範圍。

二、適法無因管理下管理人與本人間利益之調和

㈠不以本人所得之利益為限的求償權

第一七六條第一項規定，管理人之管理事務如符合本人之意思與利益（適法無因管理）時，依法當然對於本人發生求償權，不論本人是否願享有因管理所得之利益，管理人將對於本人當然享有費用償還請求權、負債清償請求權及損害賠償請求權。依第一七六條第一項對照第一七七條第一項之規定可知，於適法無因管理下，管理人的償還或賠償請求範圍不以本人所得之利益為限，即便償還請求權與損害賠償請求權之數額大於本人所受有利益時，本人仍應償還或賠償之。❶由於管理人管理事務係符合本人意思與利益之法定要求，故將偏重於對管理人之保護，本人尚不得以因管理所得利益小於應償還或賠償的數額或其他任何事由，而拒絕對於管理人償還或賠償，亦不得將償還或賠償的數額限於所得利益之範圍內，以達到鼓勵人性互助之規範意旨。

㈡不當得利規範之排除適用

於適法無因管理下，管理人管理事務的結果雖未必會對本人產生利益，如本人能因管理人之管理而享有利益，此是否構成不當得利而使本人負返還義務？換言之，管理人除得依第一七六條第一項對於本人行使賠償與償還請求權外，可否依不當得利規定請求本人自管理人處返還所受有之利益，即有疑義。❷解釋上應認為，於適法無因管理下，本人此時係有法律上原因受有

---

❶ 王著，頁 393；邱著，頁 98；鄭著，頁 110、112；孫著，頁 128。

❷ 學說上強調，適法無因管理為本人受有利益之法律上原因，而不構成不當得利，王著，頁 388；林著，頁 258。學說上另有認為，第一七六條第一項之規定，其構成不當得利之特別規定，而應依第一七六條第一項來規範本人義務，史著，頁 64。

利益，並不構成不當得利，即在構成要件層次上阻卻管理人不當得利請求權之成立，管理人尚不得依不當得利之規定，請求本人償還所享有之利益。

申言之，於適法無因管理下，管理人之管理事務係符合本人意思與利益的法定要求，此時無因管理之規定即能成為本人保有利益之法律上原因，不構成不當得利，管理人並無不當得利請求權。再者，本人已依第一七六條第一項對於管理人當然負起賠償與償還責任，價值判斷上使本人能保有自管理人處所受有之利益亦屬正當。在規範上使本人依第一七六條第一項就管理事務對於管理人負擔賠償與償還責任時，其規範意旨亦蘊含著賦予本人取得管理利益的法律上原因，使其可保有因管理所得之利益。

退萬步言，即便認為本人此時於構成要件上構成不當得利，也應基於體系解釋認為，第一七六條第一項已就管理人與本人間之利益狀態為特別終局之規範，本人既已負擔賠償及償還責任，且第一七六條第一項並未規範本人就所得利益之返還義務，應視為規範上有意的省略，即其欲使本人取得利益而無庸返還。申言之，第一七六條第一項係構成不當得利之特別規定，而排除不當得利規範之適用。

㈢本人強制發生的償還與賠償義務

此外，在適法無因管理下，本人並無權利拒絕享有因管理所得之利益，亦不得以拒絕享有利益來免除其依法當然發生之償還與賠償責任，本人仍須享有該有法律上原因所受有之利益，並負償還與賠償責任。申言之，於構成第一七六條第一項之情形，本人尚不得援引不當得利之規定將所受有之利益返還予管理人，而須另依第一七六條第一項之規定對於管理人負償還及賠償義務。

■、不適法無因管理下管理人與本人間利益之調和

㈠償還及賠償義務的發生取決於本人之意願

依第一七七條第一項之規定，管理人之管理事務如不符合第一七六條之

規定時，即不符合本人之意思或利益（不適法無因管理）時，管理人並非依法當然發生對於本人之求償權，須本人願享有因管理所得之利益時，管理人方能在本人所得之利益範圍內，對於本人享有第一七六條第一項請求權；本人如不願享有因管理所得之利益時，管理人對於本人即無法享有第一七六條第一項之請求權。

申言之，一方面管理人對於本人之償還請求權與賠償請求權的發生，係取決於本人之意願。即本人願享有因管理所得之利益時，本人始對管理人負賠償與償還義務；本人不願享有因管理所得之利益時，本人對管理人即不負無因管理之賠償與償還義務。另一方面，管理人對於本人之請求範圍（即本人對於管理人所負償還及賠償義務的範圍）被縮減，其以本人所得之利益為限，超出部分管理人即無請求權，本人並無償還或賠償義務。❸

不適法無因管理因管理事務已違反本人意思或利益，故將偏重對於本人之保護，規範上之設計，係賦予本人有權得拒絕享有因管理所得之利益，從而不發生對於管理人償還或賠償義務，本人亦得同意享有因管理所得之利益，而其對於管理人償還或賠償的數額則限於所得利益之範圍內，以達到保護本人不受他人干預之規範意旨。

㈡區別處理不當得利規範之適用與排除適用

即便管理人管理事務之初並不符合本人之意思或利益，如本人主張願享有因管理所得之利益，為尊重本人嗣後願享有利益之意思，且本人亦已對管理人在其所得利益範圍內負償還與賠償責任，管理人與本人間之利益係依照第一七七條第一項準用第一七六條第一項之規定來加以調和，本人此時係有法律上原因受有利益，其不構成不當得利，而得保有因管理所得之利益。故而，如本人已主張願享有因管理所得之利益，則管理人尚不得依不當得利規定，請求本人償還所受有之利益，以避免本人既已負償還與賠償責任，卻又

---

❸　學說上因此即有強調，管理人就此請求權之行使受有「雙重之限制」，鄭著，頁113。

須返還所得利益之情形發生，造成本人依第一七七條第一項得享有利益但不得終局保有的矛盾結果。

　　與此相對，如管理人之管理事務不符合本人之意思或利益，而本人亦不願主張享有因管理所得之利益時，此時即無第一七七條第一項之適用，管理人對於本人即不享有第一七六條第一項之請求權，管理人此時僅得依不當得利之規定，向本人請求返還本人因管理所受有之利益。❹如前所述，於不適法無因管理下，倘本人不願主張享有因管理所得之利益時，無因管理之規定不足構成本人保有利益之法律上原因，本人係無法律上原因而受有利益而構成不當得利。此時本人與管理人間同時存在無因管理與不當得利之法律關係。

　　故而，如管理人之管理事務不符合本人之意思或利益，而本人不願主張享有因管理所得之利益時，管理人無法依無因管理規定向本人求償，而本人亦無法律上原因可保有管理所得之利益，而須另求諸不當得利之規定來調和管理人與本人間之利益，使本人就所受有之利益負返還義務。

㈣、適法無因管理下管理人之求償權

㈠管理人當然享有之請求權

　　管理人之管理事務於符合「利於本人，並不違反本人明示或可得推知之意思」時，管理人將對於本人當然享有費用償還請求權、負債清償請求權及損害賠償請求權。❺此無待本人主張享有因管理所得之利益，且償還請求權

---

❹　學說上強調，不適法無因管理下，於本人不願主張享有因管理所得之利益時，係依不當得利之規定來處理本人與管理人之關係，王著，頁399、401；邱著，頁100；鄭著，頁113。

❺　德國民法第六八三條就符合本人意思與利益之管理，僅就「費用償還請求權」有規範；而瑞士債務法第四二二條第一項就管理事務之承擔符合本人利益之情形，就費用償還請求權、負債清償請求權及損害賠償請求權均有規範。由此觀之，我國第一七六條第一項適法無因管理之要件係繼受自德國法，而法律效果則繼受自瑞士法。

或賠償請求權之範圍不以本人所享有之利益為限，即便本人應償還或賠償數額大於本人因管理所享有之利益時，管理人仍得請求之。

㈡管理事務之承擔符合本人之意思與利益

第一七六條第一項條文中之「管理事務」，應係指管理事務之承擔並不違反本人明示或可得推知之意思者，而不包括管理事務之實施。[6]蓋在文義上，第一七六條第一項與第一七二條第一項後段「其管理應依本人明示或可得推知之意思，以有利於本人之方法為之」用語有間，前者並未強調管理之方法。申言之，管理人在管理事務之承擔上已符合本人之意思與利益時，本人即須對於管理人負擔第一七六條第一項之全數償還與賠償義務。此時即便管理人在管理事務之實施階段上有違反本人之意思或利益，其意義僅係在於使管理人發生法定義務的違反，而由管理人對本人另外發生債務不履行下，不完全給付之瑕疵給付或加害給付的損害賠償責任，並不因此使管理事務成為不適法無因管理並影響管理人第一七六條第一項請求權之適用。

經此解釋，管理人之管理事務，無須至管理事務之實施階段始終符合本人之意思與利益，僅在管理事務之承擔上已符合本人之意思與利益時，即可認為已滿足適法無因管理之要求，而擴大適法無因管理之成立可能。故而，管理人照顧鄰人孩童過程中，雖所供應的午餐不潔致該孩童生病就醫，管理人仍當然對於本人即鄰人享有適法無因管理下之請求權，不須取決於本人是否願享有因管理所生之利益，管理人求償範圍亦不限於本人所受利益範圍。

將適法無因管理解釋成僅管理事務之承擔上符合本人之意思與利益已足，將有助於促進管理人進行人性社會互助之管理行為，使管理人不會僅因

---

[6] 學說上強調第一七六條第一項「管理事務，利於本人，並不違反本人明示或可得推知之意思者……」指管理事務之承擔，而非管理事務之實施，王著，頁 372、393；邱著，頁 98。不同見解認為，第一七六條第一項係指管理之「結果」（即管理事務之實施）利於本人，較為公平妥當，蓋如令本人因管理受有不利結果時，須先對管理人給付全部的費用，另外再依債務不履行等規定向管理人求償，在法益上似即已不平衡，林著，頁 254 以下。

在管理事務之過程中稍有不慎而違反本人之意思或利益，即成為不適法無因管理，而抹煞其過去之努力，致管理人求償權之發生與求償之範圍受有限制的不利益。

㈢符合本人之意思與利益

第一七六條第一項要求管理事務之承擔須「利於本人，並不違反本人明示或可得推知之意思」。由「並」字可知，管理事務之承擔上符合本人之意思與利益此二要件須同時兼備。不符本人之意思或利益的管理事務之承擔，即構成不適法無因管理，其求償權係依第一七七條第一項之規定。管理人之管理事務之承擔是否符合本人之明示或可得推知之意思，係客觀加以判斷，客觀上不符合本人意思時，即無法構成適法無因管理。管理人對於本人意思之認識、理解是否有錯誤、其對於本人意思認識之錯誤有無過失，均在所不問。❼

另應強調者，管理人管理事務之承擔符合本人之意思與管理人為本人管理之意思係屬不同概念，管理人為本人管理之意思乃無因管理之成立要件。管理人如管理事務之承擔不符合本人之意思，但有為本人管理之意思，仍成立無因管理之法律關係，僅使無因管理定性成不適法無因管理。如管理人之管理除不符合本人之意思外，其亦無為本人管理之意思，則根本不成立無因管理之法律關係，倘其係為自己之利益而管理時，則構成不法管理，依第一七七條第二項準用第一項不適法無因管理之規定。

在本人明示意思之確定上，應認為本人客觀上曾有明示之意思已足，不問管理人實際上是否知悉本人該明示之意思。❽申言之，管理人如違反本人過去曾明示之拒絕管理表示，而為管理事務之承擔，即便管理人主觀上不知本人此一意思，其管理事務之承擔客觀上仍將違反本人之意思，而構成不適

---

❼　參見學者對於第一七四條第一項之解釋，孫著，頁123。

❽　王著，頁384。

法無因管理。❾而本人可得推知之意思，係指依管理事務客觀上加以判斷之本人意思。❿一方面不問管理人主觀之推知如何⓫，另一方面亦不問管理人實際上是否有推知本人意思。如溺水者在水中以水母漂方式載浮載沉，其雖無呼救之明示意思，客觀上仍可得推知出本人有求救之意思，搭救行為即客觀上符合本人可得推知之意思，而構成適法無因管理。

　　管理人之管理事務之承擔是否符合本人之利益，應客觀決定之。在本人利益之確定上，亦應客觀判斷之。⓬學說上即強調，本人主觀上是否認為有利，非決定之標準。⓭而管理人對本人利益之認識是否有錯誤、其對於本人利益之認識錯誤是否有過失，亦在所不問。⓮故管理人於管理事務之承擔上符合本人利益已足，即便管理人在管理事務之實施上並未產生利於本人之結果⓯，或甚至產生不利於本人之結果⓰，仍無礙其管理構成適法無因管理，管理人仍對本人享有償還及賠償請求權。

㈣公益管理下擬制的符合本人意思

　　第一七六條第二項規定：「第一百七十四條第二項規定之情形，管理人管理事務，雖違反本人之意思，仍有前項之請求權。」由於第一七六條第二項係在規範第一項之例外情形，解釋上第二項之「管理事務」應與第一項為相同之解釋，其亦指管理事務之承擔雖違反本人意思，於公益管理之特定情事下

---

❾　管理人管理事務之承擔違反本人意思時，除構成不適法無因管理外，依第一七四條第一項之規定，管理人之注意義務亦同時被提高至無過失責任。

❿　王著，頁 384。

⓫　史著，頁 65。

⓬　王著，頁 384；孫著，頁 127。

⓭　孫著，頁 127；史著，頁 64 以下。

⓮　史著，頁 65。瑞士債務法第四二二條第二項即規定，如管理人之行為已盡適當之注意，即便未發生所預期之結果時，仍有第一項之符合本人意思的管理事務承擔之請求權。

⓯　王著，頁 393；邱著，頁 98；孫著，頁 127；史著，頁 65。

⓰　王著，頁 372 以下、389 以下。

仍享有適法無因管理之請求權。至於管理人於管理事務之實施階段是否違反本人意思，因不影響第一七六條第一項之適用，故無第二項適用之問題。 **⓱**

　　然非謂一切涉及公益管理情形，於管理人違反本人意思時，均能享有第一七六條第一項之請求權，其僅在規範此時依法應忽略本人之意思，或忽略管理違反本人之意思，或謂此時管理人違反本人意思之管理應被擬制為符合本人意思。於此情形下，管理人管理事務之承擔仍須符合本人之利益，始能發生第一七六條第一項請求權。惟一般而言，涉及公益管理所為之管理事務之承擔多能符合本人之利益，如為鄰居清除積水防止登革熱、為鄰居小孩提供午餐、為放火者滅火。

　　申言之，概念上並非一切構成公益管理之情形均能因此當然構成適法無因管理，第一七六條第二項其僅使違反本人意思但符合本人利益之公益管理情形可擬制為適法無因管理。蓋第一七六條第二項並非使用「第一百七十四條第二項規定之情形，管理人管理事務，雖違反本人之意思或利益，仍有前項之請求權」，亦未使用「第一百七十四條第二項規定之情形，管理人有前項之請求權」之用語，其顯有意就公益管理保留適法無因管理下符合本人利益之要求。 **⓲**如管理事務之承擔不符合本人利益，其仍構成不適法無因管理，管理人之求償權適用第一七七條第一項之規定。

㈤**緊急管理下的適法無因管理**

　　依第一七五條之規定，緊急管理係指「管理人為免除本人之生命、身體或財產上之急迫危險，而為事務之管理者」，管理人對於本人僅就惡意及重大

⓱ 於判斷管理人是否符合管理事務之實施須合於本人之利益與意思之法定義務，仍應類推適用第一七六條第二項之法理，即於公益管理之情形，即便違反本人意思仍不構成法定義務之違反。

⓲ 第一七六條第二項並未排除利於本人之規定者，管理不利於本人時仍應成立不適法無因管理者，邱著，頁 101。學說上強調，公益管理仍須有利於本人，始能依第一七六條第二項準用第一七六條第一項適法無因管理之規定，林著，頁 256。

過失負責，然管理人對於本人之求償權要件並無特別規定。故而，涉及緊急管理之管理事務之承擔，其仍應符合本人之意思與利益，方能構成適法無因管理，管理人方享有第一七六條第一項之請求權。

　　申言之，違背本人意思或利益之緊急管理，雖管理人對於本人之注意義務或賠償責任可依第一七五條降低至僅就惡意及重大過失負責，然因相關規範中無相當於第一七六條第二項將違背本人意思之公益管理擬制為適法無因管理規定，解釋上違背本人意思或利益之緊急管理仍無法構成適法無因管理，管理人對於本人求償權之發生及範圍將適用不適法無因管理之規定而受有限制。此諸如，在偏遠地區無延燒鄰地可能之荒廢房屋起火，本人曾明示過如有失火則任其燒毀，管理人違背本人此一意思而救火之情形。

　　惟一般而言，緊急管理下管理事務之承擔多能符合本人明示或可得推知之意思，也能符合本人之利益，而能構成適法無因管理，如管理人拯救在路上昏迷之本人、為本人撲滅房屋火災，管理人將享有適法無因管理之請求權。又如前所述，緊急管理亦可能同時會該當於公益管理之情事，即緊急管理與公益管理競合，特別是本人意思違反公序良俗之情形。如本人尋求自殺並要求管理人不要阻止、本人廢棄房屋自燃而可能延燒鄰人，但本人不欲管理人滅火之情形，此等構成公益管理之緊急管理，管理人即有第一七六條第二項規定之適用，即便管理人其管理事務之承擔係違反本人之意思，如符合本人之利益時，管理人仍有適法無因管理之請求權。

㈥管理人求償之範圍

　　依第一七六條第一項規定：「管理事務，利於本人，並不違反本人明示或可得推知之意思者，管理人為本人支出必要或有益之費用，或負擔債務，或受損害時，得請求本人償還其費用及自支出時起之利息，或清償其所負擔之債務，或賠償其損害。」管理人於無因管理法律關係下，可向本人求償之態樣，僅限於費用償還請求權、負債清償請求權及損害賠償請求權三種。

　　費用償還請求權之請求範疇，條文中明訂包括必要費用及有益費用，並

包含自支出時起之利息。此與委任規範下第五四六條第一項受任人之求償範圍僅限於必要費用而有不同。必要費用係指管理上不可或缺的費用，有益費用係指於本人增加利益之費用。[19]是否屬必要或有益之費用，學說上一方面強調應依支出時之客觀標準定之，而非本人主觀認定；另一方面，嗣後未達預期效果或情事變更致效果消滅或減少，仍不影響管理人之請求權。[20]以為鄰人修補欄杆為例，前者如於空缺部分補上欄杆所支出之費用，後者如為該部分欄杆一併上漆，以與左右部分之欄杆色調取得協調，管理人所支出之費用。

　　負債清償請求權為管理人因管理事務對於債權人所負擔之債務，管理人請求本人向該債權人清償之權。此為本人對於管理人之義務，並非本人直接對於債權人之義務。[21]而管理人請求本人清償之負債範圍，條文中並未明訂，體系解釋上應認為其涵蓋必要費用及有益費用之負債。[22]蓋無理由認為，管理人已先向債權人結清費用，再向本人就已支出的費用請求償還時，請求本人償還之範圍涵蓋此兩者，然管理人尚未向債權人結清費用即尚未支付時，其請求本人代償之範圍有異，造成資金不足之管理人未向債權人結清時，實際上要繼續承受一部分費用的結果。以前述鄰人修補欄杆為例，管理人積欠五金行的欄杆材料費（必要費用之負債）及油漆材料費（有益費用之負債），均得請求本人向五金行清償。此外，對照委任規範下受任人限於必要債務方得向委任人請求之規定，第一七六條第一項並無相對應之規定，亦可得出其不限於必要債務方得請求之結論。

　　如管理人於管理事務之實施時，係以本人名義與債權人為法律行為時，

---

[19]　鄭著，頁 111。

[20]　孫著，頁 127；邱著，頁 98；史著，頁 66。同樣強調判斷之時點為支出之時，鄭著，頁 111；黃立著，頁 189。

[21]　史著，頁 65 以下。

[22]　鄭著，頁 111；王著，頁 392；邱著，頁 98；黃立著，頁 189。

管理人固然未負擔債務，本人亦未負擔債務。然因管理人為無權代理，本人可以承認該無權代理之行為，使該效力未定之法律行為直接對本人生效（第一七〇條第一項）而由本人負擔債務。㉓如本人不承認時，此時因管理人對於債權人發生無權代理之賠償責任（第一一〇條），此一法定債務，管理人亦得請求本人清償。㉔

　　管理人因管理事務致受損害時，得請求本人賠償之。此即管理人之損害賠償請求權。本人此一賠償義務，屬無過失責任。如管理人為本人修補欄杆時，被落石擊中而受有財產上損害，即便本人並無可歸責事由，本人亦應對管理人負賠償責任。學說上並強調，管理人受有損害須與管理事務有因果關係。㉕

㈦損害賠償請求權之請求賠償範圍

　　第一七六條第一項管理人對本人之損害賠償請求權，其當然適用第二一三條以下損害賠償之債的一般規定。故而，依第二一三條之規定，本人應回復管理人損害前之原狀或支付回復原狀之必要費用。如本人不能回復原狀或回復原狀顯有困難時，如管理人救火時衣服被大火燒破之情形，依第二一五條之規定，本人應以金錢賠償管理人之損害。

　　管理人損害賠償請求權得請求賠償範圍，學說上有主張僅包括「所受損害」而不包括「所失利益」，以免變相承認管理人得請求報酬。㉖然第一七六條第一項條文文義上並無此限制，將賠償範圍限於所受損害將不符合損害賠

㉓　王著，頁 392；邱著，頁 98；孫著，頁 128。

㉔　王著，頁 392；史著，頁 66。

㉕　鄭著，頁 112；王著，頁 392；邱著，頁 98 以下；林著，頁 254；孫著，頁 128；黃立著，頁 189；史著，頁 66。

㉖　邱著，頁 98 以下，惟作者於註 24 處亦強調立法政策上對此有檢討之必要。另有認為，管理事務之所失利益為管理人自始甘願犧牲，而不得請求賠償者，孫著，頁 128。同樣認為第一七六條第一項之損害賠償不包括所失利益者，林著，頁 254。

償同時包括所受損害與所失利益的一般原則（第二一六條），而無法達到損害填補之規範目的。再者，是否可請求所失利益與是否變相承認管理人得請求報酬間並無關係，而是損害填補範圍的問題。如管理人拯救溺水之本人時，管理人在救援過程中受傷致其住院三日不能工作，除醫藥費之所受損害外，其三日之收入即所失利益，本應納入賠償範圍之內，始能將損害填補至損害事件未發生前之狀態。❷❼

　　損害賠償請求權，因適用損害賠償之債的一般規定，其當然亦有第二一六條之一損益相抵規範之適用。如前揭管理人拯救溺水之本人時，管理人在救援過程中受傷致其住院三日不能工作，管理人因此省下此三日之上班通勤費用而受有利益，本人得自賠償數額中扣除管理人此等所受利益。又本人對於管理人負擔之賠償義務，將重大影響本人之生計時，法院亦得依第二一八條之規定，酌減本人之賠償數額。

　　此外，對照委任規範下第五四六條第三項須限於非可歸責於受任人之事由致受損害者，受任人方得向委任人請求之規定可知，管理人對於本人之損害賠償請求權的發生，並不以不可歸責於管理人之事由致受損害為要件，管理人之請求權不因損害之發生係可歸責於管理人而被排除。如管理人於管理事務之實施時受有損害，但管理人就損害之發生與擴大與有過失時，例如管理人為相鄰攤販管理事務，管理人未戴手套即取出本人蒸籠內之熱食致受到燙傷等，於此等管理人構成與有過失之情形下，有第二一七條與有過失規範之適用，管理人對於本人得請求之賠償金額將因此被法院酌減。

　　於符合緊急管理情形，管理人如因管理事務之實施違反法定義務而對本人造成損害，須對於本人負債務不履行之不完全給付賠償責任時，管理人依第一七五條之規定僅須就惡意或重大過失負責。如果管理人因管理而受有損

---

❷❼　認為所失利益亦在賠償範圍內，例如健康受損不能上班而減少收入之情形，王著，頁395。

害，而依第一七六條向本人求償時，卻須就一切與有過失負責，致求償數額被酌減，將導致輕重失衡的結果。故解釋上應認為，涉及緊急管理之情形，於管理人就其與有過失負責時，亦僅就惡意與重大過失負責。❷⑧

　　故管理人未戴手套即取出本人蒸籠內之熱食致發生損害，因無涉緊急管理，管理人就自己身體損害之發生仍係就抽象輕過失負與有過失之責任，此時可認為管理人就損害之發生構成與有過失，法院得酌減其對於本人之求償數額。又如管理人為拯救溺水者而未脫下衣服之情形致發生損害，因涉及緊急管理，管理人就自己財產之損害發生僅就惡意或重大過失負與有過失之責任，而此時事態緊急，難謂管理人有重大過失，管理人就損害之發生仍不構成與有過失，法院不得酌減其對於本人之求償數額。

　　第二一八條之一第一項讓與請求權之規定，於本人對於管理人依第一七六條第一項賠償後，亦有適用，本人得請求管理人讓與基於其物之所有權或基於其權利對於第三人之請求權。如管理人發現本人家中遭小偷，管理人於追捕小偷時被小偷扯破衣服，此係管理人因管理所生之損害，本人須對於管理人賠償，惟同時得請求管理人讓與其對於小偷之侵權行為損害賠償請求權。

㈧非財產上損害賠償之爭議

　　依第一七六條第一項之規定，管理人僅得就因管理所受之財產上損害請求賠償，並未就管理人因管理所受之非財產上之損害加以規範，管理人尚不得向本人請求慰撫金。❷⑨反之，本人因管理人違反法定義務，侵害本人之人格權，致造成本人非財產上損害，尚得依法定義務債務不履行之加害給付規定（第二二七條第二項），請求管理人賠償非財產上損害（第二二七條之一準用第一九五條）。

---

❷⑧　學說上強調為貫徹第一七五條立法意旨，須管理人對於損害之發生具有重大過失時，法院始得減輕或免除賠償金額。王著，頁 395。

❷⑨　王著，頁 395。

(九)對支出費用或享法定扶養權利之第三人賠償之爭議

此外，管理人因管理事務致死亡時，此諸如管理人為本人救火而不幸喪生之情形，支出醫療及增加生活上需要之費用或殯葬費之人，得否對於本人求償，以及死亡之管理人對於第三人負有法定扶養義務時，該享法定扶養權利之第三人可否向本人請求損害賠償，亦有爭議。❸由於本人並未進行不法侵害管理人致死的行為，故本無第一九二條之適用，前揭支出費用之人或享法定扶養權利之第三人無法逕向本人求償；惟是否可類推適用第一九二條之規定，即生疑義。由於此時係管理人主動管理而受害，且無涉本人之行為，其態樣上與侵權行為下被害人係被動受侵權行為人侵害之情形有別，如使本人負擔與侵權行為人相同之賠償責任，將使本人責任過度擴大，特別是在本人對於管理人已負無過失賠償責任下，再令本人對於此等間接被害人（支出費用之人或享法定扶養權利之人）負無過失賠償責任。故而，如欲令未有作為之本人對於支出費用之人或享法定扶養權利之第三人負擔賠償責任，即須於無因管理規範下有平行於第一九二條之條文規範，尚無法逕由管理人生存時本人須對於管理人負損害賠償責任，透過類推適用之方式，逕推導出管理人死亡時本人亦須對於間接被害人負損害賠償責任之結論。

(十)報酬請求權之排除與檢討

如前所述，在適法無因管理下，管理人對於本人僅當然發生費用償還請求權、負債清償請求權及損害賠償請求權此三種請求權，報酬請求權並不在列。申言之，第一七六條第一項未規定報酬請求權，乃有意的省略。且在體系解釋上對照拾得遺失物之規範（第八〇五條第二項、第八一〇條）中承認報酬請求權，亦可得出相同結論。學說上強調，管理人對於本人不得請求管理之報酬，係為避免無因管理成為變相有償契約、或避免擾亂干涉他人事務、或為避免貶損無因管理之道德價值。❸

---

❸　對此，學說上有援引德國法下之討論者，王著，頁 392 以下。

　　將報酬請求權排除在第一七六條第一項請求償還之範圍外，可避免管理人主動搜尋及進行管理之機會以取得報酬之情形發生，故與可遇不可求的拾得遺失物情形作不同之處理，在規範上不賦予管理人報酬請求權，有其正當性。此特別是每個人的事務中，或多或少都有被他人管理的空間，在本人未特別明示拒絕管理時，往往管理人之管理行為能成為符合本人意思與利益之適法無因管理。如果有管理人可取得報酬之機制，除將刺激管理人有搜尋管理之誘因，造成本人之事務被過度干預外，並將造成管理人實際上可以單方之管理意思與管理行為，使本人負有給付報酬之義務的效果。例如管理人主動用清水及抹布將路邊骯髒車輛逐一擦拭乾淨，待車主回來，除請求管理所支出的費用外，並逐一請求報酬之情形。本人車輛骯髒時，除解釋上可認為本人過去有根本拒絕被他人擦拭乾淨之默示意思外，本人或多或少本有欲將車子擦拭乾淨之默示意思，管理人之行為將成為適法無因管理，本人根本無拒絕享有利益之可能，如規範上於費用請求權外，再承認管理人請求報酬之可能，將使本人除支付費用及賠償數額外，尚須支付此等報酬，而受有不利益。

　　概念上應區別者，如管理人因管理而受有損害時，管理人因此喪失的工資係屬於損害概念下之所失利益，管理人就此喪失之工資得向本人請求損害賠償，此並非直接承認管理人對於本人享有報酬請求權。此諸如，管理人因救火而向公司請假兩小時，被公司扣兩小時的薪水，屬管理人因管理而受有損害，其可依損害賠償之規定向本人請求賠償，此並非直接承認管理人對於本人享有報酬請求權。

　　學說上有主張，如所管理事務屬管理人之職業範疇時，應肯定其有報酬

㉛ 王著，頁 392；林著，頁 247、253；鄭著，頁 97；孫著，頁 122；邱著，頁 98；史著，頁 61。惟有強調立法政策上應檢討賦予報酬請求權獎勵者。鄭著，頁 97；邱著，頁 99 註 24。

請求權，如醫師救助遭受車禍之人。❸而管理事務通常係屬有償之營業行為時，其對價即非不得認為費用之一種，管理人因管理事務而未獲得，即屬損害，如計程車司機以計程車緊急將病倒路旁之人送至醫院之車資。❸惟應強調，醫師救助遭受車禍之人，或計程車司機將病倒路旁之人送至醫院之情形，醫師可否於醫療材料費外請求診斷之費用，司機可否於油費成本外請求駕駛之費用，方為此處報酬請求之問題。如管理人在管理事務之實施上不自行醫治或運送本人，係委由其他同業醫治或運送，管理人對於同業所支出之全數數額，即該同業所得請求之成本與報酬總額，均屬於管理人之費用並無疑義，其本得全額向本人求償。惟管理人自行醫治或運送時，其可求償之費用應僅限於醫療材料費與油費成本，不含報酬。惟如管理人因進行管理而占據其營業時間，管理人即因管理事務之承擔而喪失締約機會，為其所失利益，本在管理人對於本人之損害賠償請求權的求償範圍內。

中言之，管理人於營業或工作時間內之管理行為，由於管理人請求損害賠償之範疇涵蓋管理人所失利益，即管理人得向本人請求管理人原本得對於其他人請求之報酬，實際上已達到管理人取得報酬之效果。如於損害賠償請求權外，再承認管理人得向本人請求報酬，反使管理人實際上享有兩次報酬。僅在認為管理人對本人之損害賠償請求上，僅能涵蓋所受損害而不涵蓋所失利益時，方有另外承認管理人對於本人報酬請求權之正當性；惟此屬迂迴，認為損害賠償之範圍已涵蓋所失利益，即可解決此一問題。再者，管理人因管理事務之承擔而有所失利益時，對於管理人所管理之事務屬管理人之職業範疇的情形，與前述管理事務不屬管理人之職業範疇的情形，管理人本均可透過損害賠償請求權而獲得保障，在處理上並無不同，一如管理人為救火而無法上班，須向公司請假兩小時而喪失薪資之情形相同。故而，無庸例外僅

❸　王著，頁 392；黃立著，頁 189。

❸　孫著，頁 128。

針對所管理事務屬管理人之職業範疇之情形，承認管理人對於本人之報酬請求權，而破壞其規範目的。

惟如管理人於營業或工作時間外之管理行為，管理人並無喪失締約機會之情形，將不發生透過損害賠償請求權向本人請求所失利益的問題；而因規範上管理人無報酬請求權，將會導致管理人在管理事務實施之手段選擇上，寧可另外委由他人行之並等待其前來，亦不願自行立即進行管理行為之結果。如管理人不願立即自行開車送病倒之路人就醫，而寧可另外呼叫計程車之到來，往往會錯失第一時間進行管理之契機。此一延宕管理之結果，未必對本人有利。❸此時，僅於管理事務屬管理人之職業範疇時，解釋上承認管理人報酬請求權，僅解決此等管理人與本人之保護需求，忽略所管理事務不屬管理人之職業範疇時管理人與本人之保護需求，在說理上亦有欠缺。

為避免本人事務被任意干預之弊，而在現行法制下不承認管理人對於本人之報酬請求權時，將導致本人無法即時受有管理的不利益結果，惟此一現象並非僅於所管理事務與管理人之職業範疇有關時始會發生。故而，倘管理人並未因管理而有所失利益時，在立法政策上，宜針對本人需要管理人立即進行管理之情形，另賦予管理人報酬請求權，使本人能因此受有即時有效管理之利益，管理人之勞動亦能得到報償，而兼顧雙方利益。

五、不適法無因管理下管理人之求償權

㈠管理事務承擔不符合本人之意思或不符合本人之利益

由於第一七六條第一項係要求管理人於管理事務承擔須符合本人之意思與利益，故而第一七七條第一項所規定不合於第一七六條之情形，主要為管

---

❸　認為所失利益不得請求賠償者亦強調，在緊急情況下，如仍堅持管理人不得請求報酬原則下認為所失利益不得請求賠償，將減少維護本人利益之機會，而在立法政策上指出肯定管理人報酬請求權一般化之必要。邱著，頁99註24。

理人管理事務承擔不符合本人之意思或利益之情形，計有下列三種： 1.管理事務承擔不符合本人之意思，但符合本人之利益； 2.管理事務承擔符合本人之意思，但不符合本人之利益； 3.管理事務承擔不符合本人之意思且不符合本人之利益。

　　管理事務之實施的結果是否產生利益，與第一七六條第一項管理人管理事務之承擔利於本人之概念不同。管理事務之承擔不利於本人，仍可能因管理事務之實施產生利益；管理事務之承擔利於本人，管理事務之實施的結果仍可能並未產生利益。申言之，第一七七條第一項中「因管理所得之利益」、「所得之利益為限」乃指管理事務之實施的結果產生利益。前揭不適法無因管理 1.至 3.所有態樣，無論管理事務之承擔是否符合本人之利益，管理事務之實施的結果均有可能產生或不產生利益。❸管理事務之實施的結果不產生利益時，概念上仍能構成不適法無因管理，只是本人無從依第一七七條第一項享有利益，管理人因此不發生對於本人之請求權。

　　由於第一七七條第一項僅係處理管理人對於本人之權利，並不處理管理人對於本人之義務。故而，前揭屬於不適法無因管理之三種態樣下，管理人對於本人之義務仍應依其個別態樣，依第一七二條至第一七五條之規定決定之。此主要為第一七二條後段之規定，即便是不適法無因管理，管理人在管理事務之實施上仍應符合本人之意思與利益，否則將構成法定義務之違反，即構成法定之債債務不履行中，不完全給付之情事。

　　其中應強調者，於 1.管理事務承擔不符合本人意思但符合本人利益，及

---

❸　不同見解認為，實際上僅管理事務利於本人但違反本人意思之情形，始有第一七七條第一項之適用，蓋管理事務不利於本人且違反本人意思及管理事務不利於本人但不違反本人意思此兩種情形，「既不利於本人，則本人尚何有利得之有可言」。鄭著，頁 112 以下。此說並未區別「管理事務不利於本人」與「本人享有因管理所得之利益」係屬不同概念，蓋管理事務不利於本人時，仍可能因管理而產生利益，本人仍得享有之，仍有第一七七條第一項之適用。

3.管理事務承擔不符合本人意思與利益之情形，因管理人於管理事務之承擔上不符合本人之意思，如有損害事件發生，管理人對於本人之賠償責任將提升至無過失責任，而非抽象輕過失責任。

㈡公益管理下構成不適法無因管理之態樣

構成不適法無因管理之前提，為不符合適法無因管理之情形。由於第一七六條第一項適法無因管理下管理人求償權規範之適用前提，於特定情事下，將受到第一七六條第二項之修正；故而，構成第一七七條第一項不適法無因管理下管理人求償權規範之適用前提，亦將隨之修正。此觀第一七七條第一項規定「管理事務不合於前條之規定時」即可得知，應將第一七六條第二項之規定，納入是否符合第一七六條之考量。

依第一七六條第二項之規定，在第一七四條第二項公益管理之情形，管理人管理事務雖違反本人之意思，仍有適法無因管理之請求權。故而，涉及之公益管理情事，本人之意思即可被忽略，僅須管理事務承擔符合本人之利益即能成立適法無因管理。前揭 1.管理事務承擔不符合本人之意思，但符合本人利益之情形，於涉及公益管理時，仍能構成適法無因管理，管理人對於本人之求償，適用第一七六條第一項之規定。

因此，涉及公益管理時，其構成不適法無因管理之情形，為管理事務承擔不符合本人利益之情形，而不問管理事務承擔是否符合本人意思。故僅前揭 2.管理事務承擔符合本人意思，但不符合本人利益、與 3.管理事務承擔不符合本人意思與利益此兩種情形，管理人對於本人之求償須適用第一七七條第一項之規定。

㈢管理人非當然享有之償還請求權

於不適法無因管理，管理人並非依法當然發生對於本人之求償權，此須取決於本人之意願。㊱此觀「本人仍得享有因管理所得之利益」之用語自明，

㊱　於不適法無因管理時，本人仍有權享有因管理所得利益之權利，並使本人對於管理人之義

本人亦得不享有因管理所得之利益。**❸❼** 故而，第一七七條第一項雖為管理人求償權（或本人負擔義務）之規範，惟其同時亦是使本人取得是否享有利益之選擇權規範。蓋於不適法無因管理，管理事務之承擔係不符合本人之意思或利益，不宜強迫本人受有利益及負擔償還或賠償義務，而應在規範上使本人有權得拒絕享有利益，並因此不負擔賠償與償還義務。此與適法無因管理下，本人須享有利益而無拒絕利益之空間有異。

申言之，須本人表示願享有因管理所得之利益時，本人始對管理人負無因管理之賠償與償還義務，管理人方能對於本人享有第一七六條第一項之償還與賠償請求權。反之，本人如不願享有因管理所得之利益時，本人即不對管理人負無因管理之賠償與償還義務，管理人仍將無法對於本人享有第一七六條第一項之請求權。

再者，於不適法無因管理下，如管理人之管理不生有利於本人之結果時，本人自無從享有因管理所得之利益，管理人即便因管理而支出費用、負擔債務或受有損害，仍將無法依第一七七條第一項請求本人償還或賠償。**❸❽** 即管理人之償還請求權，尚須取決於管理有產生利於本人之結果，及本人願意享

務僅以本人所得利益範圍為限之規範方式，主要係繼受自瑞士債務法第四二三條第一項與第二項之規定。與此略有不同者，德國民法第六八四條第一句規定，不具備第六八三條之要件時，即不適法無因管理之情形，本人應依不當得利之返還規定對於管理人返還；第二句規定，惟如本人承認管理事務，管理人即有權享有適法無因管理下所規定之請求權。二者差別在於，就不適法無因管理，瑞士法下經本人決定願享有管理所得利益之權利時，管理人求償權之範圍受限於本人所得利益；而德國法下，如經本人承認管理事務時，管理人之費用求償權並未受有限制，管理人得就費用之全部向本人求償而其數額不限於本人所受利益範圍；反之，如本人未承認管理事務時，管理人並無費用求償之權。

❸❼ 王著，頁 399；邱著，頁 101；孫著，頁 130；鄭著，頁 113；史著，頁 66 以下。

❸❽ 結論同此意旨，認為於不適法無因管理下，管理事務結果不利於本人時，其支出之費用、負擔之債務即非必要或有益，無從請求本人清償，更不得請求本人賠償損害。孫著，頁 129。

有該利益。故而，此與適法無因管理下，不問本人是否因管理而受有利益，及不問本人是否願享有管理所生之利益，管理人仍當然享有償還與賠償請求權之情形有異。

㈣本人有權享有利益之權限規範

如前所述，第一七七條第一項雖為管理人求償權（或本人負擔義務）之規範，惟其行使求償權之前提為本人願享有因管理所得之利益。故而，第一七七條第一項同時亦是使本人有權取得因管理所得之利益的規範，管理人將因本人願取得利益，而負有交出該利益之義務，不問本人是否因管理受有損害或管理人因管理所得利益是否超過本人因管理所受有之損害。❸如本人願取得利益時，而該利益仍在管理人占有中，管理人即應依第一七三條準用第五四一條之規定移轉給本人。

本人因無因管理所得享有之利益的範圍，與本人是否因管理受有損害無涉，凡因管理所生之一切利益本人均得取得，本不因適法或不適法無因管理而有不同。差別僅在於，不適法無因管理下，本人對於管理人之償還或賠償義務範圍係以本人所取得之利益範圍為限，且本人有權拒絕享有利益，而於適法無因管理下並無此限制，本人亦無權拒絕享有利益。故而，於不適法無因管理下，因管理人之管理行為所生之利益，即便超過本人因管理人之管理行為所受之損害，或甚至本人並未因管理人之管理行為受有任何損害，一經本人決定享有利益後，即應由本人取得利益，管理人即應提出，由本人取得利益並終局保有之。

㈤管理人請求範圍之縮減

即便本人願享有因管理所得之利益，使管理人得對本人發生求償權，第

---

❸　同此意旨，「如願取得，則管理人對於本人應交出其全部因管理所得之利益，即不因至損害於本人而取得之利益（不當得利），其他一切利益，均應交出。本人此項請求權所得請求之利益，得超過不當得利請求權或侵權行為之損害賠償請求權之範圍以外，甚有意義」，史著，頁66。

一七七條第一項規定，管理人對於本人之請求範圍即被縮減至本人所得之利益，超出之部分管理人仍無請求權，本人對此超過之部分並無償還或賠償義務。由於管理人求償權之發生與範圍均受限制，學說上即有稱為，於不適法無因管理下，管理人就此請求權之行使受有「雙重之限制」。❹

㈥本人願享有利益與承認管理事務之區別

第一七七條第一項規定，本人「仍得享有因管理所得之利益」。在概念上應區別，本人「享有」(aneignen) 因管理所得之利益，與第一七八條「管理事務經本人承認」中之「承認」(billigen) 不同。如本人之意思除享有因管理所得之利益外，尚有根本承認管理事務之意，則本人與管理人間之關係即準用委任之規定，管理人對於本人償還與求償請求權，即應適用第五四六條之規定，並依第五四七條享有報酬請求權。申言之，不適法無因管理下管理人之規定，須本人並非承認管理事務來享有因管理所得利益之意思時，方有適用。❹

㈦本人不願享有利益時管理人之不當得利請求權

第一七七條第一項規定，本人已表示願享有因管理所得之利益時，管理人方對於本人享有第一七六條第一項之償還與求償請求權，惟以本人所得利益範圍為限。如本人已表示不願享有，或尚未表示願享有因管理所得之利益時，管理人對於本人並不享有償還與求償請求權。管理人對於本人是否尚有其他請求權之適用，在規範上未有闡明之規定。應認為此時無因管理之規定將無法成為本人受領及保有此等利益的法律上原因，就所受有之利益，本人即應依不當得利之規定返還與管理人。❹申言之，本人未表示願享有因管理

---

❹　鄭著，頁 113。

❹　學說上強調，本人依第一七七條第一項願享有取得因管理所發生利益之請求，不當然認為有第一七八條之承認。史著，頁 67。

❹　同樣認為本人不主張享有無因管理所生之利益時，本人與管理人間之關係應依不當得利規定處理之，管理人得依不當得利規定向管理人求償。王著，頁 399；邱著，頁 100；鄭著，

所得之利益時，管理人對於本人固不發生第一七七條第一項之請求權，惟先前自管理人處所受有之利益即屬無法律上之原因，管理人將另外對於本人發生不當得利請求權。❹

　　於不適法無因管理下，本人尚未表示願享有因管理所得之利益時，本人即對管理人負有不當得利之返還義務。惟如本人尚不知存在管理人進行管理之情事及受有利益之情形，如本人尚未返家而不知管理人違背其意思幫其修補欄杆，而該修補上去的欄杆部分仍被颱風吹走，本人仍屬不知無法律上原因而受有此等利益之狀態，依第一八二條第一項之規定，於其所受之利益已不存在時，免負返還或償還價額之責任；申言之，本人僅就現存之利益負返還責任。如本人嗣後始得知管理人進行管理之情事及其因此受有利益之情形，方屬知悉無法律上原因而受有此等利益，在本人未表示願享有因管理所得之利益前，仍構成不當得利，依第一八二條第二項之規定，本人係就知無法律上之原因時所現存之利益返還之。

頁 113。

❹　德國民法第六八四條即展現此一意旨，其規定於不適法無因管理之情形，本人應依不當得利之返還規定對於管理人返還，惟如本人承認管理事務，管理人即享有第六八三條適法無因管理之請求權。申言之，於德國法下，如不適法無因管理之管理事務未經本人承認(Genemigung)，本人對於管理人負不當得利之返還義務；如不適法無因管理之管理事務經本人承認時，本人對於管理人即不負不當得利之返還義務，而係負有適法無因管理下之償還義務。

第12章
管理事務之承認

一、本人對於管理事務承擔之承認

第一七八條規定：「管理事務經本人承認者，除當事人有特別意思表示外，溯及管理事務開始時，適用關於委任之規定。」❶管理人與本人間依法發生無因管理法律關係後，無論屬適法或不適法無因管理，如經本人「承認」管理事務者，管理人與本人間之關係，即不適用第一七二條以下之無因管理規範，而須依第一七八條準用第五二八條以下委任之規定。管理事務一經本人承認，將造成變更本人與管理人間應適用規範之效果。

本人之承認係單獨行為，具形成權之性質。❷解釋上本人承認之時點並不限於管理事務完結後，管理人管理事務進行中、管理事務尚未完成前，本人亦得為承認，其仍有第一七八條之適用，蓋第一七八條規範中並未限制承認之時點。❸

---

❶ 第一七八條本人承認管理事務時適用委任規定之規範，係承襲自瑞士債務法第四二四條之規定。德國民法第六八四條雖也有本人承認 (genehmigen) 管理事務之規範，惟其僅是使不適法無因管理下之管理人可於本人承認管理事務後，對於本人享有適法無因管理下如同受任人之費用償還請求權。申言之，德國法下之承認相當於我國民法第一七七條第一項中本人願享有因管理所生利益，而非我國民法第一七八條之承認。於德國法下，並無相當於我國法第一七八條經本人承認時使無因管理當事人間改適用委任規定之規範。

❷ 王著，頁 407；孫著，頁 136；邱著，頁 101。

❸ 不同見解認為，須管理人管理事務「已完成」、「完結後」之本人承認，始有第一七八條之適用，即目的性限縮管理事務經本人承認係指「完成之事務」經承認之情形。其認為，若不為此解釋，將造成管理人依第一七三條於開始管理時應通知本人並應俟本人指示，本人之指示不啻為本人之默示承認管理事務，使無因管理關係依第一七八條轉為委任契約，或

二、相關概念區別

首先應區別者，本人於受管理人通知時，對於管理人依第一七三條第一項所進行之指示，尚不得一概定性成係管理事務經本人承認，否則將導致一切受通知後的指示均成為承認管理事務，而依第一七八條均應適用委任規範。❹申言之，本人進行指示並不意味著本人有承認管理事務之意思，二者係屬不同概念，而應嚴格區分。

申言之，本人於事務管理進行中所為之指示，倘無兼有承認管理事務行為之意思在，即不能被認為屬於第一七八條之承認行為。申言之，此時仍為本人單純進行指示之情形，本人與管理人間之關係仍應適用無因管理之規範處理，並不產生依第一七八條規定而適用委任規範之效果。本人於管理進行中之指示，僅於其兼有承認管理事務意思之指示，方適用第一七八條規定之效果。

於個案中，應嚴格辨別本人之意思究竟僅係欲享有因管理所生利益之意思，或根本地承認管理行為之意思；本人享有因管理所生利益之意思，與本人承認管理事務之意思，係屬不同概念。❺如本人意思僅欲享有因管理所生

造成管理人之通知與本人之指示間可視為已默示成立委任契約，則幾無適用無因管理規定之餘地者。林著，頁245、260。

❹ 我國民法第一七三條之管理人通知與本人指示之規範，係繼受自德國民法第六八一條，而第一七八條經本人承認而適用委任規定之規範，則係繼受自瑞士債務法第四二四條。在瑞士債務法下，並無相當於我國民法第一七三條之通知與指示之規定，故無管理人依法指示之問題，如有指示時，在個案中將其定性成承認並無問題。在我國法下，如將一切指示均解為亦構成承認而適用委任規範，將使指示掏空無因管理規範之適用可能，此非第一七三條之規範意旨。

❺ 同此意旨，強調「本人對於因管理所得利益之請求，不得謂已含有承認之意思，蓋本人原有此權利也」及「本人對於此項利益之請求，不當然認為有民法第一七八條所定之承認，或對於第三人為債務之承受或為對於第三人損害賠償請求權之拋棄（因管理人之侵權行為

利益，而無承認管理人事務管理之意，此僅在不適法無因管理下將產生本人對於管理人負有限度的償還與賠償義務之效果，仍無第一七八條之適用，本人與管理人間仍適用第一七二條以下之無因管理規定。而在適法無因管理之情形下，由於本人與管理人間之關係本當然適用第一七六條之規定，即便本人有表示欲享有因管理所生利益之意思，其在適法無因管理下並無意義，倘其未達承認管理事務意思之程度，其仍無第一七八條無因管理排除規定之適用。

此外，本人對於管理人之無權代理或無權處分之承認，不得認為係對管理事務之承認。❻蓋如本人僅因對無權代理或無權處分行為之承認，即可被認為其亦承認管理事務，並產生所適用規範之變動，此顯非本人承認無權代理或無權處分時所能預見，而應與本人就管理事務之承認在概念上相區別。概念上也可想像，本人不願承認範疇較廣之事務管理行為，僅願承認事務管理中較為狹隘的個別之無權代理或無權處分行為。申言之，本人依第一七八條承認管理事務係對於管理事務承擔之承認。❼與此相對，本人依第一一八條承認無權處分行為與第一七〇條承認無權代理行為，僅對個別管理事務實施行為之承認，此尚無法涵蓋對管理事務承擔之承認。

然而本人對於管理事務之承認，通常可認為本人寓有亦對無權代理或無權處分加以承認之意思。❽蓋概念上不易想像，本人僅有承認較為廣泛之管理事務行為的意思，卻無承認其中較為狹隘的無權代理行為或無權處分行為之意思。此外，於合意委任即事前允許事務管理之情形，委任人多有同時就受任人未來之行為授與代理權或處分權之意，故因本人嗣後承認事務管理而

或債務不履行）」。史著，頁 68。

❻　王著，頁 406；孫著，頁 137 以下；史著，頁 68。

❼　學說上同此意旨，強調「承認為對於無因管理承擔之認許」，惟其同時強調「如無特別保留，亦包含對於管理行為及行為結果之承認」。史著，頁 68。

❽　王著，頁 408。

準用委任之情形，亦能為相同解釋，認為本人多有就管理人過去之行為授與代理權或處分權，即承認無權代理或無權處分之意。職是之故，管理事務承認係對管理事務承擔之承認，解釋上可涵蓋對於個別管理事務實施行為即無權代理或無權處分行為之承認。

三、賦予本人改變應適用規範之權利

經本人承認之事務管理，將依第一七八條之規定，發生管理人與本人間所應適用規範之轉換，改適用委任之規定。此乃實際上賦予本人於發生無因管理法律關係後，可透過片面之「承認」行為，改變其與管理人間應適用規範之權利，為在法定債之關係下對於本人嗣後意願之尊重。

惟經本人承認之事務管理，依第一七八條之規定管理人與本人間即應適用民法委任規範，而排斥不適用第一七二條以下之無因管理規定，此時亦僅能適用委任之規範，而不適用其他規範。又應強調者，規範上僅賦予本人得透過承認之事務管理來改變所應適用規範之權利，管理人並無此權利。

在無因管理規範下，不時展現出對於本人意思尊重之規範態度。首先展現在管理事務之承擔違反本人意思將成為不適法無因管理，使管理人之求償權範圍受到限制（第一七七條第一項）；再者，管理事務之實施違反本人意思時，管理人亦構成法定義務之違反（第一七二條後段）。此外，管理人違反本人意思時，對於本人係負擔無過失之賠償責任（第一七四條第一項）。最後，本人可透過承認管理事務之方式來排除無因管理規定的適用，使本人與管理人間適用委任之規定（第一七八條）。

四、當事人間特別意思表示仍能排除委任規定之適用

事務管理未經本人承認時，除第一七三條有準用第五四〇條至第五四二條關於委任之規定外，本應適用第一七二條以下之無因管理規定，而不適用委任之規定，係屬當然。惟事務管理一經本人承認後，原則上即應適用委任

之規定，當然排斥第一七二條以下之無因管理規定之適用；然由於第一七八條規定：「管理事務經本人承認者，除當事人有特別意思表示外，溯及管理事務開始時，適用關於委任之規定」，故事務管理雖應經本人承認，如當事人有特別意思表示時 ❾，將依該特別意思表示而定。申言之，第一七八條事務管理經承認時，須溯及至管理事務開始時適用委任規定之規範，仍容有例外，即當事人之特別意思表示。

　　至於如何依該當事人特別意思表示，觀察「除當事人有特別意思表示外」用語於條文中前後文之關係，解釋上應包括當事人針對「適用關於委任之規定」要件的特別意思表示，即排除適用委任規定之表示 ❿，及針對「溯及管理事務開始時」要件的特別意思表示，包括關於委任規定之適用根本不溯及 ⓫，或僅溯及至管理事務開始後、承認前之間的特定時點之表示。申言之，「除當事人有特別意思表示外」之用語，亦應包括針對「……時，適用……」要件的特別意思表示，即當事人關於開始適用委任規定之任何時點（始點）為特別意思表示。故而，此處當事人之特別意思表示，並非僅針對是否溯及至管理事務開始時適用委任規定之事宜來進行表示，當事人亦能包括對於是否適用委任規定來加以表示。⓬

---

❾　當事人有特別意思表示時而始不適用委任之規定，係現行法所承襲對象瑞士債務法第四二四條中所無。

❿　學說上有強調，可涵蓋當事人約定仍適用無因管理之規定此一態樣者。申言之，即約定不適用委任規定者。邱著，頁 102。

⓫　學說上有強調，可涵蓋當事人約定不溯及既往此一態樣者。邱著，頁 102。

⓬　雖然一九九九年民法債編修正時，於第一七八條增訂「除當事人有特別意思表示外，溯及管理事務開始時」之修法說明中僅強調，係因「究自管理事務開始或自承認時始適用關於委任之規定，法無明文，在實用上易滋疑義」（法務部彙編，頁 98），而修正本條規定，即本係為處理是否溯及至管理事務開始時或自承認時適用委任規定而進行修正。然其增訂後之修正結果，特別是增訂「除當事人有特別意思表示外」之除外規定，使法條在客觀文義上展現出允許當事人得以特別意思表示，決定是否適用委任之規定，及決定適用委任規

　　前揭「當事人有特別意思表示」之「當事人」係指無因管理法律關係之當事人，即本人與管理人。⓭蓋第一七八條條文中並非使用「本人」或「其」有特別意思表示之措辭，故「當事人有特別意思表示」解釋上係指須本人與管理人共同為表示，即雙方對於不適用委任規定或對於委任規定之適用不溯及既往達成合意。經本人承認之事務管理，又經當事人特別意思表示，使委任之規定經排斥不適用後，即應回歸適用第一七二條以下之規定，而仍不適用其他規定。

　　此外，當事人「有特別意思表示」並非指當事人可透過特別意思表示，表示其欲適用其他規定，而係指其不欲適用委任規定之特別意思表示。即當事人並無透過特別意思表示，來選擇適用其他規定之空間。當事人間倘係表示欲適用無因管理以外其他規定，亦僅能解為當事人無適用委任規定之意思，仍不能產生當事人間適用該其他規定之效果，當事人間仍應適用無因管理之規定。故而，經本人承認管理人之管理事務後，如本人不欲適用委任之規定，本人須自始不承認事務管理，或於承認事務管理時，與管理人另有協議後共同表示不欲適用委任規定，方能回歸適用無因管理之規定。

五、當事人間特別意思表示仍能排除委任規定適用於特定時點前

　　管理事務經本人承認者，當事人可透過特別意思表示，使委任之規定自始根本不適用。惟管理人與本人可否透過特別意思表示，使委任規定之適用完全不溯及既往或僅溯至特定時點，或延至特定時點後，在解釋上仍有疑義。

定時是否溯及至管理事務開始。

⓭　學說上有強調「當事人另有意思表示者，如約定不溯及既往或竟約定適用無因管理者，則依其約定」；即此說認為特別意思表示須本人與管理人加以約定。邱著，頁101以下。不同見解認為「本人之承認得限定嗣後始適用委任規定」，此說似認為無須本人與管理人合意不溯及既往，即當事人係指本人。孫著，頁136。

申言之，第一七八條之「當事人有特別意思表示」是否僅針對是否適用委任規定為表示，或尚可針對是否溯及至管理事務開始時適用、或針對開始適用委任規定之任何時點為表示，即生爭議。

　　如前所述，當事人既可透過特別意思表示使委任規定自始完全不適用，論理上當事人亦應可透過特別意思表示，使當事人得將委任規定之適用限於特定時點後，於該時點前仍適用無因管理之規定。故而，當事人得以特別意思表示，決定關於委任規定之適用不溯及至管理事務開始時，亦得決定關於委任規定之適用僅溯及至特定時點。職是之故，當事人得就委任規範之適用始點為特別意思表示，不限於承認前之時點，尚包括承認後之時點。

六、適用範圍限於真正無因管理

　　本人依法排除無因管理規範適用並適用委任規範之前提，須是當事人間有無因管理規範之適用，即成立真正無因管理之關係，且無前揭因另有特別規定或適用上發生價值衝突而須排除無因管理規範適用之情形，方有依第一七八條來加以排除適用之客體；[14] 申言之，對於不構成無因管理之情形即無適用。蓋體系上第一七八條係置於無因管理規範下，且其欠缺如第一七七條第二項之準用規定，而在體系解釋上即應認為屬有意的省略。學說上亦強調，第一七八條本人承認之規定僅適用於真正無因管理，對於非真正無因管理並無適用，亦不能藉類推適用而使之發生委任之效果。[15]

　　申言之，僅適法與不適法無因管理方有第一七八條之適用[16]，使本人與管理人間之關係將因本人之承認而適用委任之規定，而幻想管理、誤信管理、不法管理等非真正無因管理並無第一七八條之適用，當事人間之關係仍依不

---

[14] 參見本書「第三章、三」之說明。

[15] 王著，頁 404 以下。不同見解認為，承認亦得對非真正無因管理為之者，史著，頁 68。

[16] 學說上指出，第一七八條承認之無因管理，第一七六條與第一七七條之規定均有適用，孫著，頁 136。其意應無包括第一七七條第二項不法管理之情形。

當得利與侵權行為之規定來處理，無法因本人之承認而適用委任之規定。

　　以非真正無因管理中不法管理態樣為例，第一七七條第二項僅規定準用不適法無因管理中管理人求償權之規定，一方面並非將不法管理擬制成不適法無因管理，另一方面亦未明文準用第一七八條之規定，故並非一切不適法無因管理所得適用之規定均得適用於不法管理。惟應強調者，在非真正無因管理下，如本人有承認管理之行為，仍應探求本人之真意，倘本人有放棄本人對於管理人之不當得利或侵權行為請求權之意思，而同時欲依委任之規定來處理本人與當事人間關係之意思，並得管理人之同意、且其願放棄其對於本人之不當得利請求權時，在當事人意思自主與契約自由原則下，雙方此等適用委任規定之契約來處理當事人間之關係，似無不可。反之，於非真正無因管理下，在本人未得管理人之同意時，由於未有相當於第一七八條之規範可資適用，本人尚無法以單方意思令其與管理人間之關係改依委任之規定，來規範雙方之權利義務。

七、本人承認管理事務之效果

　　本人承認管理事務之效果，為適用委任之規定，且係溯及至開始管理事務時、並非自承認管理事務時起適用。「溯及至開始管理事務」係一九九九年民法債編修正時所增訂，以解決經本人承認之管理事務究竟應自承認時起、或應自開始管理起適用委任規定之爭議。[17]

　　學說上強調，第一七八條並非使無因管理法定之債的關係轉變成委任契約關係，其旨在使經承認之無因管理如同委任待之，僅具擬制效果，蓋不能僅因一方之表示，即使無因管理此事實行為轉變成須經雙方合意之契約。[18]

---

[17]　法務部彙編，頁98。

[18]　王著，頁407；孫著，頁136；史著，頁68。不同見解認為，無因管理一經本人承認管理時，法律關係之性質因此改變，轉變為委任關係，此時無因管理之關係歸於消滅。鄭著，頁114；林著，頁260。

申言之，第一七八條僅在符合本人承認管理事務之法定要件時之準用規範，當事人間之法律關係仍為無因管理法律關係，僅依法於此特定情形下適用委任之規範。如第一七三條係在本人未承認管理事務時，使無因管理法律關係僅準用委任規範之一部，於第一七八條之情形下，本人與管理人間之無因管理法律關係並因本人承認管理事務而歸於消滅。**⑲**

⑧、委任規範適用上之修正

因本人承認管理事務，而須適用關於委任之規定來處理本人與管理人間之關係時，將能使管理人取得報酬請求權（第五四七條）；因報酬請求權為無因管理規範下所無，委任規範對於管理人顯較為有利。再者，依委任之規範，管理人之注意義務為善良管理人注意義務（抽象輕過失責任）或與自己事務同一注意（具體輕過失責任），相較於無因管理規範管理人係負抽象輕過失責任，甚至因違反本人意思而提高至無過失責任，兩相比較，於委任規範下管理人之責任較於無因管理規範下為輕，此亦對於管理人較為有利。申言之，於此等情形下，管理人並未因本人承認管理事務而陷於較不利之地位。本人固因其承認管理事務而處較不利之地位，然其可選擇不承認管理事務，即不生此問題，此等不利益係其在規範上可預見者。故而本人不得於承認後，復主張仍應適用對其較為有利之無因管理規範，此時仍應專以委任之規定為斷。**⑳**

無因管理因本人承認而須改適用關於委任之規定時，學說上強調，不應使管理人因此處於較無因管理不利之地位。**㉑**主要之情形為管理人對於本人有益費用或債務之請求，在無因管理規範下請求之標的涵蓋請求償還有益費

---

⑲　不同見解認為，無因管理一經本人承認管理時，無因管理之關係歸於消滅，或因承認具溯及效力而使無因管理自始不存在。鄭著，頁 114；林著，頁 260；邱著，頁 101 以下。

⑳　同此意旨，王著，頁 407 以下。

㉑　王著，頁 407；史著，頁 68；林著，頁 245。

用及請求清償有益債務，但在委任規範下則不包括有益費用與債務。學說上即強調，即便適用委任之規定，仍應保留適用第一七六條之規定，使管理人仍得就有益費用與債務對於本人加以請求。❷❷申言之，委任規範適用，將因保留並行無因管理規範之適用，而實際上受到修正。❷❸

---

❷❷　史著，頁 68；林著，頁 245；鄭著，頁 114。同此意旨，認為有益費用與債務應屬第五四六條必要費用與債務範圍，始屬公允。孫著，頁 137。另有認為，於管理人無報酬請求權時，方有第一七六條規定之適用，管理人有益費用請求權不因本人承認而受影響；如管理人有報酬請求權時，則僅適用第五四六條之規定。王著，頁 408。

❷❸　學說上尚有提到，相較於無因管理規範，第五五一條受任人繼續處理義務之規定，對於管理人不利，而不適用該規定。王著，頁 407。

第 *13* 章
非真正無因管理

一、非真正無因管理之概念

對於不構成無因管理之管理事務行為，學說上一併納入無因管理之討論，以探究管理人與本人間之法律關係情形，主要有「幻想管理」、「誤信管理」、「不法管理」此三種型態，因其具有無義務而管理事務之外觀，而被稱為「非真正無因管理」，又稱為「準無因管理」、「類似無因管理」。❶ 其他不構成無因管理之管理事務態樣，學說並未納入非真正無因管理範疇下進行討論。

無因管理法律關係要求管理人主觀上有為他人管理之意思，同時客觀上所管理之事務亦屬他人事務，即須兼備主觀與客觀要件。❷ 而在幻想管理、誤信管理、不法管理此三種非真正無因管理型態下，或因主觀要件之欠缺、

---

❶ 同樣認為非真正無因管理、準無因管理包含幻想管理、誤信管理、不法管理此三種型態者，林著，頁 258。其他將誤信管理、不法管理同置於非真正無因管理、準無因管理概念下，並未納入幻想管理者，史著，頁 67；梅著，頁 128 以下；王著，頁 369、403。不同見解認為，非真正無因管理、準無因管理僅限於不法管理此一態樣者，邱著，頁 102；鄭著，頁 115、116；孫著，頁 130；黃立著，頁 193（誤信管理則被認為是廣義之非真正無因管理）。此一分類似認為，非真正無因管理或準無因管理，係指依法可準用無因管理規範之情形。惟就其實際，在非真正無因管理此一分類下，究竟包含哪些類型，並非法律適用之探究重點。應探究之重點為各該類型是否構成無因管理，及應如何處理本人與管理人間之關係。

❷ 惟管理人主觀上有為他人管理之意思，客觀上所管理者亦為他人事務時，雖同時具備主觀與客觀要件，尚不當然構成無因管理。此諸如管理人受他人委任處理事務，其主觀上有為他人管理之意思，客觀上所管理者亦為他人之事務，惟因受有委任而有義務，不構成無因管理。又管理人主觀上僅有為自己管理事務之意思，客觀上亦屬自己事務之情形，此亦當然不構成無因管理。

或因客觀要件欠缺，而不符合第一七二條前段之要求，其非屬無因管理。其共通之特徵，為管理人主觀之管理意思與客觀所管理事務間發生不一致的情形。

非真正無因管理雖有無因管理之名，卻不符合第一七二條前段之要件，而非屬無因管理，故而管理人與本人間之法律關係，在體系上並不適用第一七二條以下之規定，而應依案例事實，適用侵權行為與不當得利之規範來加以處理。惟於一九九九年民法債編修正時，增訂第一七七條第二項之規定，使不法管理此一型態能夠準用第一七七條第一項不適法無因管理下之本人得享有因管理所生之利益及管理人求償權之規定。

經此增訂，於現行法制下，適用無因管理規定之情形，除構成無因管理之管理行為當然適用第一七二條以下之規定外，不構成無因管理之情形如屬不法管理，將因第一七七條第二項增訂，而例外有第一七七條第一項規定之適用。

二、幻想管理

㈠不知為自己事務而為他人利益管理

幻想管理為誤自己事務為他人事務，而為他人管理該自己事務。申言之，管理人所管理者客觀上為管理人自己之事務，然管理人因錯誤而主觀上不知客觀狀態為自己事務，認為係屬他人事務，而管理人主觀上亦有為他人管理事務之意思。就誤自己事務為他人事務此一錯誤之發生，管理人其在個案中可能有過失，亦可能無過失。

如前所述，是否符合「他人事務」他人性之要求，應取決於客觀事實而非管理人之主觀認知。故而幻想管理並不符合無因管理要求管理人所管理者為他人事務之要件，而不構成無因管理。❸申言之，管理人所管理者客觀上

---

❸　史著，頁 57；林著，頁 237；孫著，頁 130；鄭著，頁 101、118。與此相對，一九九九年

既為自己之事務，並非他人事務，自不能因管理人有為他人管理之意思及其主觀上認為事務屬他人之事務，即與他人發生無因管理之法律關係。

(二)原則上無侵權行為及不當得利規範之適用

幻想管理在管理事務之承擔上因無涉他人事務，他人事務客觀上既未被干涉，該他人客觀上並未受有損害，自無法依侵權行為之規定向管理人求償；該他人亦未因此而受有利益，自無須依不當得利之規定對於管理人負償還義務。此諸如管理人為鄰居飼養該鄰居放養的雞隻，然該雞隻實際上是管理人自己放養的雞隻。惟例外之情形，幻想管理亦可能在管理事務之實施上涉及侵權行為與不當得利。❹例如，管理人誤以為毀損待修補之欄杆為他人之欄杆，實乃管理人自己之欄杆，而在管理事務之實施上逕取他人之鐵釘修補之，此時管理人除取他人鐵釘構成侵權行為而須負賠償義務外，管理人取他人之鐵釘與自己的欄杆附合而受有利益，對於他人亦構成不當得利，而須負賠償義務，他人對於管理人享有侵權行為與不當得利請求權，二者構成競合。

(三)幻想不法管理

概念上亦可想像，管理人誤自己事務為他人事務，卻為自己管理該自己事務的情形。即管理人管理時因錯誤不知客觀狀態為自己事務，而主觀上認為屬他人事務，管理人主觀上卻係為「自己」利益而進行管理時，這樣的幻想不法管理因欠缺管理意思，概念上與前述之幻想管理仍有別。此諸如管理人為自己利益盜取變賣鄰居家放養在外的雞隻，然該雞隻實際上為自己放養在外的雞隻。惟在處理管理人與本人間之關係並無不同，蓋本人客觀上既未

增訂第一七七條第二項之修正理由：「無因管理之成立，以管理人有『為他人管理事務』之管理意思為要件。……或誤信自己事務為他人事務（幻想的管理）而為管理，均因欠缺上揭主觀要件而無適用無因管理之餘地。」其對於幻想管理不構成無因管理之理由（欠缺主觀要件）的說明，顯然有誤。法務部彙編，頁97。

❹ 同樣強調幻想管理仍可能發生侵權行為或不當得利法律關係，例如誤自己土地為他人土地，而命他人之僱工從事耕作，致他人受損失。鄭著，頁118；林著，頁235。

受有損害、亦未受有利益，原則上管理人與本人間並無侵權行為及不當得利
規範之適用。

三、誤信管理

㈠不知為他人之事務而為自己利益管理

　　非真正無因管理中，與幻想管理同屬管理人主觀上發生錯誤之情形，如
管理人係誤他人事務為自己事務，而為自己利益管理該他人事務之情形，則
被稱為「誤信的為自己管理」(irrtümliche Eigengeschäftsführung)，又稱為「誤
信管理」或「誤想管理」。申言之，誤信管理下之管理人，其既因錯誤而主觀
上不知所管理之事務客觀狀態屬他人事務，其主觀上認為係屬於自己事務，
當然主觀上不可能會有為他人（本人）管理事務之意思。❺ 就誤他人事務為
自己事務此一錯誤之發生，管理人在個案中可能有過失，亦可能無過失。如
前所述❻，學說上強調，誤信管理僅可能存在於客觀他人事務上，蓋在客觀
中性事務上，由於本無法依客觀之標準將事務歸屬給特定之人，殊難想像主
觀狀態自客觀狀態偏離之情形。❼

　　申言之，誤信管理為管理人客觀上所管理者雖為他人事務，然管理人因
誤信其屬自己事務而進行管理，致管理人主觀上僅有為自己利益管理事務之
意思，而欠缺為他人管理意思的情形。其與不法管理同樣是管理人客觀上所
管理者為他人事務，而管理人主觀上均無為他人而僅有為自己管理之意思；
二者之區別在於不法管理係管理人明知屬他人事務而為管理，誤信管理之管

---

❺　誤信管理因管理人出於錯誤而為自己利益管理他人事務，因管理人不知係屬他人事務，學
　　說上有將此稱為「善意」非真正無因管理之情形。此與「惡意」非真正無因管理，即不法
　　管理，係管理人明知屬他人事務而為自己利益管理他人事務之情形相對。史著，頁 67。

❻　參見「第六章、三」之說明。

❼　Schwarz/Wandt, 2009, §4 Rdnr. 37. 同樣強調僅客觀他人事務會發生誤信管理者，王著，頁
　　402；黃立著，頁 192 以下。

理人係因錯誤而不知屬他人事務而為管理。

(二)僅適用侵權行為及不當得利規範

　　誤信管理因管理人欠缺為他人管理事務之管理意思主觀要件，故管理人與本人不發生無因管理法律關係，本無第一七二條以下無因管理規範之適用。❽此外，同屬不構成無因管理之情形，第一七七條第二項尚有就不法管理下管理人與本人間關係為特別之規範，然其並未就誤信管理進行特殊之規範。❾蓋於誤信管理之情形下，管理人係因錯誤不知他人事務而為自己利益來管理，相較於不法管理之管理人係明知他人事務而仍為自己利益來管理，其惡性較小，故現行法並未如不法管理另外賦予本人有主張享有因管理所生利益之權利。故而，於誤信管理之情形下，仍以侵權行為及不當得利規範來處理管理人與本人間之法律關係。

　　申言之，因管理人與本人間不發生無因管理法律關係，管理人不發生第一七二條以下之義務，亦無第一七六條以下之請求權。又無因管理規範下亦未見特殊規範，管理人與本人間之關係，僅能依照不當得利與侵權行為之規定處理。❿且因誤信管理並非真正無因管理中之適法無因管理，而無法阻卻管理人侵權行為之違法性。如管理人出於過失，誤信本人放養在外之雞隻為管理人自己走失之雞隻而捕捉並混入自己之雞群中，管理人對本人構成不當得利與侵權行為，本人對於管理人享有此二請求權，構成請求權之競合。又例如管理人出於過失，誤認本人待修補之欄杆為自己之欄杆，而於修補時拆

---

❽　德國民法第六八七條第一項規定：「如所管理者為他人事務，而認為係屬自己事務者，不適用第六七七條至第六八六條之規定。」即其闡明誤信管理不適用無因管理之規定。

❾　與此相對，德國民法則於無因管理一節末條，第六八七條第一項，就誤信管理之處理有闡明性的規定，將他人事務誤認為是自己事務者，不適用德國民法第六七七條至第六八六條之無因管理規定。

❿　史著，頁66；林著，頁235、259；王著，頁402；邱著，頁88註8；黃立著，頁192以下；鄭著，頁117以下。

除部分構造並新增部分構造，本人對管理人負有不當得利之返還義務，管理人也對本人負有侵權行為賠償義務。

在誤信管理下，可能發生管理人誤他人市價五千元之自行車為自己之自行車，並賣得六千元價金之情形，即管理人所受有之利益大於本人受有之損害。雖於本人受有損害之範圍（五千元）內，本人固得依侵權行為或不當得利規定向管理人請求賠償或返還，然就超過本人所受損害部分之管理人所得利益（一千元），本人既無法依侵權行為及不當得利規定請求賠償或返還❶，無因管理之規範下亦無相當於不法管理準用不適法無因管理規範，來使誤信管理之本人得享有此一超過損害部分之利益。故而，就此超過本人所受損害部分之管理人所得利益，依第一七七條第二項之反面解釋，於誤信管理下，本人仍不得對於管理人有所請求，而應由管理人享有。

㈢管理人就誤信管理發生有過失時與本人間之關係

惟在誤信管理下，如何適用不當得利與侵權行為之規範，特別是受益人之返還範圍與管理人注意義務，值得討論。如不當得利返還義務人為管理人時，且管理人誤信管理之發生係因管理人之過失時，如管理人乙誤甲之田地為自己所有而割取其稻穀，部分稻穀嗣後因被乙吃掉而滅失，而乙之誤認事務被認為有過失時。❷學說上有強調，誤信之發生僅由於管理人之過失時，

---

❶ 管理人因誤信管理所得利益之數額，如超過所侵害之本人權利的客觀價值（損害），依侵權行為規範與損失填補原則（第二一六條），本人僅能就所受損害之數額向管理人加以請求，而不及於超過損害數額部分的利益。如依不當得利規範，本人雖能向管理人請求返還其利益，然於管理人因管理所享有利益大於本人所受損害之情形，本人得向管理人請求返還之利益範圍，我國學說及實務上認為應以本人所受之損害為限，本人仍無法請求管理人返還其因管理所獲利益之全部。王澤鑑，《不當得利》，增訂版再刷，2009 年，頁 246 以下；鄭著，頁 142；黃茂榮著，頁 365、400。並參見最高法院六十一年臺上字第一六九五號判例。

❷ 本例改寫自：鄭著，頁 117。應強調者，本處之過失係指對於誤信之發生有過失，而非指對於利益之不存在有過失。

此時管理人應返還範圍，不以本人請求歸還時現存利益為限。❸申言之，管理人不知無法律上原因而受有利益，其實際上雖屬善意，在其有過失致誤信情事發生而受有利益時，應與第一八二條第二項之惡意受領人作相同處理。此說可資贊同，蓋管理人係有過失造成管理人自己誤信致產生不當得利的狀態，即便管理人受領不當得利時不知無法律上原因，仍不應使所受利益不存在之風險由本人承擔，此時仍應適用第一八二條第二項受領人知無法律上原因時須返還所得利益之規定。故而，於管理人誤信管理且管理人受有利益時，第一八二條第一項僅須就現存利益返還之規定，應限於不當得利受領人（管理人）善意無過失而不知無法律上原因之情形方有適用。

管理人誤信管理下亦可能對於本人構成侵權行為，如前揭管理人割取並食用他人稻穀之行為。因誤信管理並非適法無因管理，而不阻卻管理人侵權行為之違法性。學說上強調，在管理人對於誤信情事之發生有過失時，管理人於侵權行為法下之注意義務，為善良管理人之注意義務。❹管理人在誤信管理下雖屬不知他人事務，如管理人違反善良管理人之注意義務而對該侵權行為有過失時，仍負侵權行為之損害賠償責任。如本人就管理人誤信之情事亦有過失之際，於本人就管理人之侵權行為向管理人求償時，亦可認為本人對於管理人之侵權行為與有過失，應依第二一七條酌減管理人之賠償數額。

㈣本人就管理人誤信管理之發生有過失時其與管理人間之關係

又如不當得利返還義務人為管理人，但管理人誤信管理之發生主要係因本人之過失，管理人並無過失或並非主要有過失時，管理人與本人間之關係亦值得討論。例如甲遺忘餅乾於乙家，管理人乙誤認該餅乾為自己家中同一品牌之餅乾，且乙之誤認並無過失時，乙誤認之發生可認係肇因於甲，且甲

---

❸　鄭著，頁 117。
❹　鄭著，頁 117。

對於乙誤認情事之發生有過失，部分餅乾因被吃掉而滅失。❶學說上強調，此時管理人僅就現存範圍內返還。此說可資贊同，蓋管理人受領不當得利時本屬不知無法律上原因，且管理人造成自己不當得利或誤信之狀態並無過失，故仍有第一八二條第一項之適用，管理人僅須於利益之現存範圍內返還已足，此時由本人承擔所受利益不存在之風險係屬正當。

此外，由本人之過失造成此等管理人誤信管理之狀態，學說上強調於此一情形下，管理人侵權行為之注意義務，僅須負與自己事務為同一之注意保管已足，蓋管理人對於是否屬於本人之物欠缺認識，並無過失，如責令管理人盡善良管理人之注意義務，未免過苛。❶申言之，就侵權行為損害賠償事件，此時管理人對於本人侵權行為之注意義務，減至僅負具體輕過失之賠償責任。

惟本書認為，即便是本人之過失造成此等管理人誤信管理，管理人就誤信情事之發生並無過失或並非主要有過失者，就管理人因該誤信而對於本人之侵權行為，管理人所負之責任仍應維持在善良管理人之注意義務；管理人就侵權行為構成過失須負賠償責任時，再以本人與有過失而酌減管理人之賠償數額。蓋本人之過失造成管理人誤信管理，亦可認為係本人的與有過失造成損害事件。申言之，對於因本人之過失造成此等管理人誤信管理及侵權行為，應在與有過失規範下來評價本人之過失行為，而非降低管理人之注意義務，使管理人在個案中可能不負侵權責任。

管理人誤信為自己事務固無過失，但就誤信情事之發生有無過失，與侵權事件之發生有無過失係屬二事，不會因此使其於嗣後保管利益時之侵權行為損害事件降低成具體輕過失責任。此外，於無涉誤信之情事時，侵權人本負善良管理人之注意義務，並無理由在管理人誤信情事無過失之情形下，使

---

❶　本例改寫自：鄭著，頁117。

❶　鄭著，頁117。

其負不同程度的侵權行為注意義務。❶因此，無論管理人對於誤信情事之發生是否有過失，管理人就保管利益時所生之侵權行為損害事件，均負善良管理人之注意義務。

㈤本人與管理人就誤信管理之發生均無過失或過失程度相同時二者間之關係

如不當得利返還義務人為管理人，但管理人誤信管理之發生本人與管理人均無過失時，學說上強調，管理人僅須就現存範圍內返還外，亦僅負具體輕過失之賠償責任。❶因管理人受有利益時不知無法律上原因而屬善意，且並無過失造成自己誤信及不當得利之狀態，可肯定管理人僅須就現存範圍內返還。惟如前述，即便管理人就誤信管理之發生並無過失，如管理人於保管利益時造成損害，其對於本人仍應負善良管理人之注意義務，即應負抽象輕過失的賠償責任。

如不當得利返還義務人為管理人，而管理人誤信管理之發生本人與管理人均有過失而過失程度相同時，一方面管理人受有利益時其不知無法律上原因並非善意無過失，管理人應返還之範圍即不以請求返還時現存利益為限，而應適用第一八二條第二項之規定。另一方面，就保管利益時所發生之侵權行為損害賠償事件，管理人仍負善良管理人之注意義務。❶

---

❶ 雖概念上可想像，就誤信情事之發生並無過失時，往往在嗣後保管利益之損害事件上，也能盡到善良管理人之注意義務而無過失，但未盡善良管理人之注意義務並非不能想像。如客人（本人）在派對上留下的水壺與管理人自己使用的水壺相同，管理人誤該他人水壺為自己的水壺，管理人就誤信情事之發生並無過失，而嗣後管理人於打掃疏於注意不慎將該水壺掃落至地面致受損，即在保管利益上未盡善良管理人注意義務，而有過失侵害他人之水壺所有權。如因該水壺被遺忘之地點本屬容易摔落之高處，嗣後管理人於打掃時雖已經盡善良管理人之注意仍打破該水壺，管理人即屬無過失。

❶ 鄭著，頁 117 以下。

❶ 不同見解，就管理人誤信管理之發生，本人與管理人均有過失時，認為此時管理人應返還之範圍仍以請求歸還時現存利益為限，且管理人之注意義務減至具體輕過失之賠償責任。

又如前所述，就管理人誤信管理之發生本人有過失時，此概念上固然與管理人保管利益時所發生損害事件，本人是否構成與有過失不同，在解釋上亦可認為，就損害事件之發生本人亦有過失，蓋本人如與管理人未共同造成管理人誤信管理之狀態，管理人自無造成損害事件之可能。故而，如管理人須對於本人負損害賠償責任時，仍得援引與有過失之規定，酌減管理人對於本人之賠償數額。

㈣、不法管理

㈠明知為他人之事務仍為自己利益而管理之情形

於管理人未受委任並無義務之情形下，管理人主觀上明知所管理者客觀狀態為他人之事務，然管理人主觀上卻為自己利益來管理，並無為他人管理之意思的情形，學說上稱為「不法的為自己管理」(unerlaubte Eigengeschäftsführung)，又稱「不法管理」或「事務僭越」(Geschäftsanmaßung)。一如誤信管理，不法管理之出現僅可能存在於客觀他人事務上，蓋僅客觀他人事務才可能歸屬給特定他人。[20]

㈡侵權行為及不當得利規範之適用

由於管理人並無為他人管理之意思，即主觀上欠缺管理意思，即便客觀上所管理者屬他人事務，仍不構成無因管理法律關係，而本無無因管理規範之適用。於此情形下，管理人與本人間之關係，本應依照不當得利與侵權行為之規定來處理。[21]又不法管理限於管理人「明知」為他人之事務，而為自己利益來管理之情形，即故意之情形；如管理人對於他人事務，係因「過失」而為自己利益來管理之情形，即不屬之。[22]即「非明知」(不知)為他人之事

鄭著，頁 117 以下。

[20]　王著，頁 402。

[21]　王著，頁 402；邱著，頁 102 以下；林著，頁 233、235、259；孫著，頁 119；鄭著，頁 115。並參見增訂第一七七條第二項之修正理由，法務部彙編，頁 97。

務而卻為自己利益來管理之情形，為誤信管理。

申言之，不法管理與誤信管理同屬為管理人主觀上係為自己利益、出於為自己管理事務之意思，來管理他人事務。二者之區別除在於管理人是否明知所管理之事務為他人事務外，亦在於管理人欠缺管理意思之發生原因不同：於誤信管理下，管理人係因錯誤而不知事務屬他人事務，即主觀上誤以為屬自己事務，管理人之管理事務當然出於為自己管理之意思，而不會產生為他人管理事務意思；而於不法管理下，管理人並無因錯誤而不知事務屬他人事務之情事，其主觀上係已明知且正確知悉係屬他人事務，卻非出於為他人管理之意思來進行管理。

於不法管理下，即便管理人管理事務之承擔符合本人之意思與利益，其仍不構成適法無因管理；如管理人管理事務之承擔不符合本人之意思或利益，其仍不構成不適法無因管理。蓋管理人並無為本人管理之意思，其並不發生無因管理之法律關係，自無庸討論其屬於無因管理法律關係下之何種型態。

㈢本人能享有因管理所生之利益及管理人求償權之規範

非真正無因管理下的不法管理乃管理人明知為他人事務而為自己利益管理事務，為干涉他人事務惡性重大之管理行為。而於真正無因管理情形，管理人尚有為本人管理之意思，干涉他人事務之惡性較小，無論是適法或不適法無因管理類型，本人在規範上當然或得主張享有及保有因管理所生之利益；然不法管理干涉他人事務之惡性較大，在論理上及價值判斷上，其本人更應當可享有因管理所生之利益才是。惟不法管理在體系上不構成無因管理，其本人並無法當然或主張享有因管理所生之利益。其結果造成，同樣屬管理人明知事務為本人之事務，如管理人係為自己利益管理之情形（不法管理），本

❷　學說上有稱為「過失的不法管理」，其仍不構成第一七七條第二項不法管理，王著，頁404。申言之，因過失而為自己利益來管理之情形，管理人必不知屬他人事務，而當然不構成不法管理，其因過失而誤他人事務為自己事務，往往構成誤信管理。

人無法享有因管理所生之利益，而須管理人有為本人管理之意思時（真正無因管理），本人方能享有因管理所生之利益，即本人是否能享有因管理所生之利益將取決於管理人是否有管理意思，而有不公。

故而，民法債編於一九九九年修正時，增訂第一七七條第二項規定：「前項規定，於管理人明知為他人之事務，而為自己之利益管理之者，準用之。」其在現行法體系下具有突破的意義，蓋此使非真正無因管理中不法管理下本人與管理人間之關係，得準用真正無因管理體系下之一部規定。使無因管理之規範除適用於真正無因管理外，亦對於非真正無因管理部分加以規範。❷❸

申言之，管理人明知為他人事務，而為自己利益管理之不法管理情形，因第一七七條第二項準用第一七七條第一項不適法無因管理之規定❷❹，於管理有產生利益之情形，一方面賦予本人選擇之權利，使本人有權主張享有因管理所生之利益；另一方面，於本人願享有管理所生之利益時，僅在本人所得利益之範圍內，令管理人能對於本人享有請求償還費用、負擔債務及損害賠償之權。本項規定之制定，使不法管理所生之利益仍能全數歸諸本人享有，否定管理人得保有不法管理所生之利益，俾能除去經濟上誘因而減少不法管理之發生。❷❺蓋不法管理下本人與管理人間雖有侵權行為與不當得利規範之

---

❷❸　德國民法第六八七條第二項規定：「如以他人事務為自己之事務加以處理，而其明知其無權為之者，本人得主張第六七七條、第六七八條、第六八一條、第六八二條之規定。如本人主張此等規定，其對於管理人負有第六八四條第一句之義務。」德國法下亦使不法管理準用真正無因管理之規定，使本人得主張管理人管理上之義務（第六七七條）、管理人賠償義務之提高（第六七八條）、管理人通知義務（第六八一條），及使本人因此對於管理人負有返還義務（第六八四條第一句）。

❷❹　本條修正理由中，其指出係使不法管理準用適法無因管理，顯然有誤，法務部彙編，頁97以下。

❷❺　參見本條修正理由，法務部彙編，頁97。學說上亦強調，就利益衡量及價值判斷，應使本人取得不法管理所生之利益，較為妥適。王著，頁403。惟應強調者，如前所述，在誤信管理即無相對應於第一七七條第二項之規範，蓋誤信管理之管理人雖然係為自己利益管

適用，如管理所生利益大於管理所造成本人之損害時，本人無論依侵權行為或不當得利規定向管理人請求，本人之請求範圍均不及於管理人因管理所得之利益全部。❷⑥

　　申言之，管理人透過不法管理所生利益之數額，如超過所侵害本人權利的客觀價值（損害），依侵權行為之規範與損失填補原則，本人僅能就所受損害之數額向管理人加以請求，而不及於超過損害數額部分的利益。如依不當得利規範，本人雖能向管理人請求返還其利益，然於管理人因不法管理所享有利益大於本人所受損害之情形，本人得向管理人請求返還之利益範圍，我國學說及實務上仍認為應以本人所受之損害為限，本人仍無法請求管理人返還其因管理所獲利益之全部。❷⑦然此造成管理人能夠保有超過損害客觀價值部分的利益之結果，被認為有違正義，且會增加不法管理發生之誘因。❷⑧

　　此諸如不法管理之管理人無權處分本人客觀價值十萬元之汽車，而賣得十二萬元之情形，如管理人保管費用為五百元，倘依侵權行為之規定，本人之損害僅客觀價值十萬元，本人僅得請求管理人賠償十萬元；倘依不當得利之規定，管理人固取得利益十二萬元，惟不當得利要件上要求受有利益致他人受有損害，本人請求返還利益範圍亦僅能以所受損害之客觀價值十萬元為限，尚不及於超過損害客觀價值之兩萬元部分。依增訂第一七七條第二項準用第一項之規定，本人即有權享有因管理所生之利益十二萬元，惟同時使本人在該因管理所發生之利益範圍內，須對管理人償還必要費用五百元。❷⑨

理他人事務，但管理人並不知所管理事務屬本人事務，其惡性較小，而未在不當得利規範外，另外賦予本人得享有因管理所生利益之權。

❷⑥　參見本條修正理由，法務部彙編，頁 97 以下。並參見，邱著，頁 102 以下；王著，頁 402 以下；孫著，頁 119 以下；鄭著，頁 115 以下。

❷⑦　參見，王澤鑑，《不當得利》，增訂版再刷，2009 年，頁 246 以下；鄭著，頁 142；黃茂榮著，頁 365、400。並參見最高法院六十一年臺上字第一六九五號判例。

❷⑧　參見第一七七條第二項之修正說明，法務部彙編，頁 97 以下、113。

　　經增訂第一七七條第二項規定後，除屬不適法無因管理之情形係適用第一七七條第一項外，尚包括本質上不構成無因管理的不法管理，亦能適用之。於不法管理下，經本人主張願享有利益後，一如不適法無因管理，本人如已因管理受有利益，其對於管理人將不構成不當得利，惟管理人仍對於本人構成侵權行為。

㈣部分準用不適法無因管理之規範

　　於不法管理下，依第一七七條第二項規定固得準用第一項，使本人有權選擇是否享有利益，及管理人因此得向本人求償及賠償請求權，而有如不適法無因管理；然其並未使不法管理一概擬制成不適法無因管理，使其得適用不適法無因管理下得適用之一切規定。

　　申言之，在不法管理下，其並未準用、且本無法適用其他真正無因管理或不適法無因管理下得適用之規定，故僅準用不適法無因管理之部分規範，即本人得享有因管理所生之利益與管理人之求償權的規範。故而，第一七二條後段管理人管理事務實施上之法定義務，第一七三條管理人之通知義務等，或第一七四條管理人注意義務之提高的規定，對於不法管理仍無適用。 ❸ 此

---

❷　惟應強調者，立法上不法管理並非準用第一七六條第一項適法無因管理之規定，其理由應是在於，於適法無因管理下，本人固得享有因管理所生之利益（第一七三條準用第五四一條），惟無論如何管理人均須對於本人負償還與賠償之義務，即便管理並未產生利益或該利益小於管理人對於本人應償還或賠償之數額時亦同，此反而不利於本人。

❸　不同見解認為，可適用第一七四條及第一七三條者，黃立著，頁193。與我國規範不同者，德國民法第六八七條第二項第一句規定，本人得主張第六七七條（管理事務之實施須符合本人之意思與利益）、第六七八條（違反本人意思時注意義務之提高）、第六八一條（管理人之通知義務、交付義務與報告義務等）等規定。申言之，德國民法其不法管理準用無因管理範圍，較我國為廣。另一方面，德國民法第六八七條第二項第二句規定，如本人主張此等規定，本人對於管理人負有第六八四條第一句不適法無因管理下的不當得利返還義務。申言之，於不法管理下，一旦本人主張管理人負有無因管理下之義務時，本人就所受利益即對於管理人負有不當得利返還義務。

外，不法管理之管理人對於本人求償權之發生，一如不適法無因管理，係取決於管理有產生利益與本人願享有此等利益，且管理人求償範圍限於本人所得利益之範圍。因此，管理人並非當然得向本人主張求償及賠償請求權。 ❸

---

❸　邱著，頁 103 以下。又，學說上亦有主張，在立法政策上不宜使不法管理人得對本人主張損害賠償。此外，費用償還請求權應類推適用第九五七條惡意占有人之求償規定，以必要費用為限，對於有益費用不法管理人應依不當得利規定僅得於現存利益價額內請求本人返還。邱著，頁 104 註 34；鄭著，頁 116 以下。

主要參考文獻

 中　文

王澤鑑，《債法原理》，增訂新版，2009 年（簡稱：王著）

王澤鑑，《不當得利》，增訂版再刷，2009 年

王澤鑑，《侵權行為法》，初版，2009 年

王澤鑑，《民法物權》，初版，2009 年

王澤鑑，〈無因管理制度基本體系之再構成〉，《民法學說與判例研究㈡》，九版，1990 年

王澤鑑，〈法定扶養義務人為被害人支出醫藥費之求償關係〉，《民法學說與判例研究㈣》，五版，1990 年

史尚寬，《債法總論》，初版，1954 年（簡稱：史著）

林誠二，《債編總論新解：體系化解說》，上冊，2010 年（簡稱：林著）

林誠二，《民法債編各論（上）》，修訂二版，2007 年

法務部，《民法債編修正條文暨民法債編施行法法規彙編》，1999 年（簡稱：法務部彙編）

邱聰智，《新訂民法債編通則（上）》，新訂一版修正，2003 年（簡稱：邱著）

邱聰智，《新訂債法各論（上）》，初版，2002 年

孫森焱，《民法債編總論》，上冊，修訂版，2006 年（簡稱：孫著）

馬維麟，《民法債編註釋書㈠》，1995 年（簡稱：馬著）

梅仲協，《民法要義》，1954 年（簡稱：梅著）

黃立，《民法債編總論》，三版，2006 年（簡稱：黃立著）

黃茂榮，《債法各論》，第一冊，增訂版，2006 年（簡稱：黃茂榮著）

鄭玉波／陳榮隆，《民法債編總論》，修訂二版五刷，2008 年（簡稱：鄭著）

鄭玉波，《民法債編各論》，上冊，十五版，1992 年

鄭玉波／黃宗樂，《民法物權》，修訂十五版二刷，2008 年

謝在全，《民法物權論》，下冊，修訂三版，2004 年

德文

Fikentscher, Wolfgang/Heinemann, Andreas, Schuldrecht, 10. Aufl., Berlin: de Gruyter, 2009

Jauernig, Othmar (Hrsg.), BGB, 13. Aufl., München: Beck, 2009 (zit.: Bearbeiter in: Jauernig (Hrsg.))

Larenz, Karl, Lehrbuch des Schuldrecht, Bd. II/1, 13. Aufl., München: Beck, 1986

Münchner Kommentar zum Bürgerlichen Gesetzbuch, Bd. 4, 5. Aufl., München: Beck, 2009 (zit.: Bearbeiter in: MünchKomm)

Schwarz, Günter Christian/Wandt, Manfred, Gesetzliche Schuldverhältnisse, 3.

Aufl., München: Vahlen, 2009 (zit.: Schwarz/Wandt)

Schwarz, Günter Christian/Wandt, Manfred, Gesetzliche Schuldverhältnisse, 4. Aufl., München: Vahlen, 2011

Staudingers Kommentar zum Bürgerlichen Gesetzbuch, §§657–704 Geschäftsbesorgung, Neubearbeitung, Berlin: de Guyter, 2006 (zit.: Bearbeiter in: Staudinger Kommentar)

··· 日 文 ···

加藤雅信，《事務管理、不當得利、不法行為》，二版，2005 年，東京：有斐閣

近江幸治，《事務管理、不當得利、不法行為》，二版，2005 年，東京：成文堂

法學啟蒙叢書

◎ 物權基本原則　陳月端／著

　　本書主要係就民法物權編的共通性原理原則及其運用，加以完整介紹。舉凡與通則章有關者，均是本書強調的重點。本書更將重點延伸至通則章的運用，以期讀者能將通則章的概括性規定，具體運用於其他各章的規定。本書包含基本概念的闡述、學說的介紹及實務見解的補充，讓讀者能見樹又見林；更透過實例，在基本觀念建立後，再悠遊於條文、學說及實務的法學世界中。

◎ 論共有　溫豐文／著

　　本書主要在敘述我國現行共有制度，分別就共有之各種型態：分別共有、公同共有、準共有以及區分所有建築物之共有等，參酌國內外論著及我國實務見解，作有系統的解說，期使讀者能掌握共有型態之全貌，瞭解共有制度之體系架構，並以新物權法上之條文為對象，闡明其立法意旨與法條涵義。其中，對共有制度之重要問題，特別深入分析，並舉例說明，以增進讀者對抽象法律規範之理解，進而能夠掌握其重點，並知所應用。

◎ 保　證　林廷機／著

　　想多了解保證之法律制度，卻因為法律條文太過龐雜，專業之法律教科書又太過艱深，讓您「不得其門而入」嗎？的確，法律條文的龐雜常令剛入門的學習者產生「見樹不見林」、「只知其然，不知其所以然」的困惑。本書以淺顯的用語，引導讀者領略保證契約之意義、成立及效力，輔以圖示說明當事人間權利義務關係。建立基本觀念架構後，再進一步探究特殊種類保證與實務操作模式，相信您也能成為保證達人！